新时期大学生心理危机的预防与干预研究

梁 杰 著

北京工业大学出版社

图书在版编目（CIP）数据

新时期大学生心理危机的预防与干预研究 / 梁杰著．—北京：北京工业大学出版社，2022.8
ISBN 978-7-5639-8431-2

Ⅰ．①新… Ⅱ．①梁… Ⅲ．①大学生－心理干预－研究 Ⅳ．① G444

中国版本图书馆 CIP 数据核字（2022）第 160513 号

新时期大学生心理危机的预防与干预研究
XINSHIQI DAXUESHENG XINLI WEIJI DE YUFANG YU GANYU YANJIU

著　　者：	梁　杰
责任编辑：	张　娇
封面设计：	知更壹点
出版发行：	北京工业大学出版社
	（北京市朝阳区平乐园 100 号　邮编：100124）
	010-67391722（传真）　bgdcbs@sina.com
经销单位：	全国各地新华书店
承印单位：	三河市腾飞印务有限公司
开　　本：	710 毫米 ×1000 毫米　1/16
印　　张：	10
字　　数：	200 千字
版　　次：	2023 年 4 月第 1 版
印　　次：	2023 年 4 月第 1 次印刷
标准书号：	ISBN 978-7-5639-8431-2
定　　价：	72.00 元

版权所有　翻印必究

（如发现印装质量问题，请寄本社发行部调换 010-67391106）

作者简介

梁杰（1971—），女，籍贯黑龙江省。目前就职于北京农业职业学院通识教育专业主任，副教授，国家二级心理咨询师。曾主持6项省部级课题，合著《高职学生心理健康及教育对策研究》，编写大学生心理健康教材6部，发表论文20余篇。

前　言

随着经济以及社会的快速发展，大学生面临着家庭、学习、就业等各种各样的问题，自身发展压力普遍加大，心理素质面临严峻挑战，时有令人痛心的自杀或伤害事件发生。而高校大学生作为社会的特殊群体，其心理危机问题也应引起社会的广泛关注。

从20世纪80年代起，我国政府着力于提高风险防范和应对能力，逐步将心理危机纳入突发事件应对策略范围。1995年国家教委颁布的《中国普通高等学校德育大纲（试行）》中，将使学生具备较强的心理调适能力作为德育目标之一。2008年卫生部（2013年3月撤销）印发《紧急心理危机干预指导原则》，为突发事件心理干预提供了指导。2012年颁布、2018年修正的《中华人民共和国精神卫生法》第14条规定，各级人民政府和县级以上人民政府有关部门制定的突发事件应急预案，应当包括心理援助内容。2016年，国家22个部委印发《关于加强心理健康服务的指导意见》，指出要"重视提升大学生的心理调试能力，保持良好的适应能力，重视自杀预防，开展心理危机干预"。党的十九大以来，特别是2018年国家卫生健康委员会等10部门启动社会心理服务体系建设试点工作以来，党中央决策部署正在发挥积极作用。2019年7月，国务院印发的《健康中国行动（2019—2030年）》指出，各机关、企事业单位、高校和其他用人单位把心理健康教育融入员工（学生）思想政治工作，鼓励设立心理健康辅导室并建立心理健康服务团队。2021年3月，全国人大代表陈爱莲在两会上建议尽快建立青少年心理服务平台……综上，党和国家对大学生心理健康问题高度关注并提出了一系列工作指导意见，推动了高校心理健康教育和心理危机干预体系的发展，使大学生心理危机干预工作进入新的阶段。

立足新时代，高校应着力增强大学生的心理健康意识，提高大学生的心理危机应对能力，并积极采取相应措施构建心理危机预防与干预工作网络，完善各项管理制度，健全工作队伍，有针对性地增强学生的心理调节、社会适应和挫折承受等能力，提高学生的心理素质。最终实现培养学生良好的个性心理品质，塑造学生的健全人格的目标。

本书为新时期大学生心理危机的预防与干预研究，第一章为当代大学生心理状况，主要阐述了三部分内容，分别为当代大学生的心理特点、当代大学生心理问题的成因和对策以及当代大学生心理危机的成因和对策；第二章为心理危机预防与干预理论，内容包括心理危机的概述、心理危机预防与干预理论知识以及心理危机预防与干预的意义；第三章为新时期大学生心理危机的预防措施，分别对个人层面的预防措施和学校层面的预防措施进行了阐述；第四章为新时期大学生心理危机的干预策略，主要阐述了三部分内容，依次为大学生心理危机干预工作机制的建立、大学生自杀干预策略以及心理危机干预中心理咨询方法的应用；第五章为新时期大学生心理危机预防主题教育，共五部分内容，分别为生命教育、健全人格的培育、情绪管理教育、挫折教育以及建立和谐的人际关系教育。

在撰写本书的过程中，作者得到了许多专家、学者的帮助与指导，参考了大量的学术文献，在此表示真挚的感谢。由于作者水平有限，书中难免会有疏漏之处，希望广大同人和读者指正。

目 录

第一章 当代大学生心理状况 … 1
第一节 当代大学生的心理特点 … 1
第二节 当代大学生心理问题的成因和对策 … 6
第三节 当代大学生心理危机的成因和对策 … 18

第二章 心理危机预防与干预理论 … 32
第一节 心理危机概述 … 32
第二节 心理危机预防与干预概述 … 41
第三节 心理危机预防与干预的意义 … 60

第三章 新时期大学生心理危机的预防措施 … 66
第一节 个人层面的预防措施 … 66
第二节 学校层面的预防措施 … 88

第四章 新时期大学生心理危机的干预策略 … 99
第一节 大学生心理危机干预工作机制的建立 … 99
第二节 心理危机干预中心理咨询方法的应用 … 106

第五章 新时期大学生心理危机预防主题教育 … 116
第一节 生命教育 … 116
第二节 健全人格的培育 … 126
第三节 情绪管理教育 … 134
第四节 挫折教育 … 141
第五节 建立和谐的人际关系教育 … 145

参考文献 … 151

第一章 当代大学生心理状况

本章的主要内容是当代大学生的心理状况，分为三部分内容，分别是当代大学生的心理特点、当代大学生心理问题的成因和对策、当代大学生心理危机的成因和对策。

第一节 当代大学生的心理特点

当今的社会变革正在加快，各种新鲜的事物层出不穷，大学生处于社会变迁的风口，必然受到变革的影响，在心理层面和思想层面都会发生变化。大学生本就处于身心发展的关键时期，因此很容易产生心理问题。大学生在走向成熟的过程中不停地思考和探索，其心理发展有自己的特点。

一、当代大学生的认知能力特点

在大学阶段，大学生的心理和生理逐渐成熟，其认知能力随着阅历的增加也在走向成熟，另外，大学生的逻辑性和理性也在逐渐增加。处在这一阶段，大学生虽然在身心上没有完全成熟，但是在认识自己和认识他人、评价事物、考察世界等能力方面都有了很大的进步，逐渐适应了社会的发展。大学生在形式思维方式等方面的能力逐渐提高，思维能力的提高有利于促进大学生学习和开展创造性活动。对于问题的思考，大学生除了对事物的原因、结果进行探索，在探索的过程中，还会逐渐引入自己的生活和学习经验，进行合理的判断。大学生群体中，身心发展得比较快的一部分人已经有了自我调节的能力，并且逐渐确立了自己的人生目标。这种习惯也有利于其辩证逻辑思维的发展，使大学生能够把现有的心理结构更系统地运用到新知识和新环境中，将生活价值、奋斗目标和职业方向等结合起来进行辩证的思考，更加具有现实向，并且能够将洞察力与内心控制力、分析性评价相结合。

但是，通过最近几年高校心理咨询中心的咨询实践发现，相当一部分大学生的自我认识能力还不强，表现为过分自卑或自负，眼高手低，对他人的评价也不客观，常常一叶障目。非此即彼、非好即坏的线性思维导致他们缺乏变通性和灵活性。

二、当代大学生的自我意识特点

大学生在大学时期接触外界社会的机会增多，因此其社会化的程度逐渐加深，并且大学时期独自在外求学的生活也有利于其独立意识的生成与培养。这个阶段的大学生更希望能够摆脱对家长的依赖，更希望能够主动在大家面前表达自己的观点，并将自己的才能和长处展示给大家；同时，这一阶段的大学生拥有较强的自我意识，出现了"主观我"和"客观我"、"理想我"和"现实我"，自我意识的发展具有积极倾向。这种倾向更多地表现为对于自我的发展十分关心，对于自己和社会的关系十分好奇，能够积极主动地探索自我，对自己在身边人心中的形象十分看重。

大学生对于自己的评价不再具有主观性，更多地倾向于刻画，更加具有全面性，正朝着自己心中"理想的自我"前进。因此在这个阶段，大学生的自尊心和上进心都是比较强的，但是也能正视自己的不足，努力去弥补。

但是，大学生的自我体验也比较丰富和复杂，对他人的言行和态度极为敏感，尤其表现在宿舍人际关系、亲密关系中，常常会产生强烈的情绪波动。

大学生的自我控制能力有了很大的提高，他们有强烈的自我设计和自我规划意愿，在学习和生活中表现出较强的自觉性、坚持性、独立性和稳定性，希望摆脱家长的束缚。但当代大学生独生子女较多，独立生活能力较差，在心理上仍然依赖成年人，无法做到真正的人格独立。他们根据自我设计的目标自觉调节行为的能力还不够，低年级部分学生可能还需要教师监督与指导。

大学生正处于自我意识分化的时期，这种分化还会带来一定的消极影响，造成自我意识的矛盾，因此很容易造成内心的冲突。因为进入新的生活和学习环境，再加上自身的生理和心理特点，外因和内因的双重作用使得大学生的世界观和心理具有不稳定性和两面性的特点。从社会角色、地位角度看，大学生的地位比较特殊，他们在理论知识和学识上比其他没有上过大学的青年要高，但社会经验较少。由于大学生的社会地位，国家、社会以及家庭会对大学生群体产生更高的期待。这种情况下，大学生会产生一定的优越感，认为自己比别人强。这种优越感和社会现实自然会产生矛盾，矛盾本身并不可怕，关键是大学生要能够及时纠正自己的看法，清楚自己的定位。从思想观念方面来看，大学生的心理矛盾还体现在自身有抱负、眼界开阔、有生活和学习的动力，也能不迷信教条主义，勇于开拓创新；但是大学生的社会经验和实践比较少，没怎么经历过生活的磨难，性格比较脆弱，会容易产生自我中心主义、功利意识和知行背离等倾向。

总的来说，大学生还不能将现实自我和理想自我有机地结合起来。由于对"我是一个怎样的人"认识不足，多数学生自我评价过低，少数学生自我评价过高，因此不能有效解决"我希望成为一个怎样的人"的问题。

三、当代大学生的情绪特点

情绪对我们的影响无处不在，良好的情绪有助于完成任务，可使身体更健康，而不良的情绪则对我们的学习、工作产生很大的负面影响。正如马克思所说，一种美好的心情比十服良药更能消除生理上的疲惫。拿破仑也曾说过，能控制好自己情绪的人，比能拿下一座城池的将军更伟大。情绪就像空气一样，常常在不经意间悄无声息地影响着我们。

一方面，情绪与人体的健康密切相关。中医理论认为，当"喜、怒、忧、思、悲、恐、惊"等情绪过盛时，身体就会产生病理改变，导致五脏受损，引发疾病。例如，人在高度的心理压力和恐惧状态下生活，可能会导致身体疾病。又如，有些被误诊为癌症的良性肿瘤患者，在知道医生的诊断后非常绝望，忧心忡忡，精神萎靡，身体逐渐消瘦，最终可能忧郁而死。另一方面，身体状态也可能对情绪产生影响。例如，睡眠过晚的人更可能有消极情绪表现，而睡眠充足的人往往有积极情绪表现，他们看待事物的态度也更加乐观。所以，大学生应该注意管理和疏导自己的情绪，做情绪的主人，避免因消极情绪造成巨大的损失。

大学时期，学生的情绪体验会十分丰富，因为大学生的情绪很容易受到外界环境的影响。比如期末拿到奖学金、交到新的朋友、比赛拿到好的名次等，无论是在学习还是生活中，在友谊、爱情还是学业上，有所成就就会十分欢乐；但是如果期末考试没考好、学业压力大、与舍友闹矛盾、失恋等，受到一些挫折就郁郁寡欢。大学生虽然在心理上有所成长，但是还存在看问题比较片面、情绪化、感情用事、不够成熟的问题，所以在面对一些问题时并没有找到好的应对方法，无法正确、客观地看待事物，排解情绪上的问题。

美国的心理学家埃里克森提出了著名的心理社会发展的8个阶段。而大学生就正处于青春期晚期，年龄正处于18～22岁之间，这个时期容易出现角色混乱和自我同一性的获得问题。埃里克森在理论中提到，情绪的发展和自我同一性的获得有密切的关系，如果自我同一性发展良好，个人的自我感觉就会与自己在他人心中的形象和感觉大体一致。大部分大学生都能够获得自我同一性，但是仍然有一部分学生的自我同一性没有得到良好发展。这些学生可能由于各方面的原因，比如家庭问题、个人的成长经历等问题影响了自我认知，这就导致其在大学期间容易陷入角色混乱中，从而导致各种不良情绪，如焦虑、抑郁、自卑等情绪的产生。

大学生中还有一些情绪自控能力较差的学生，这些学生情绪起伏比较大，并且情绪也容易被破坏，长此以往会影响这些学生的学习和生活。比如有些学生由于自己过于紧张的情绪会影响到自己的宿舍人际关系，极易造成他人的误解。情绪控制是人们的一种本能反应，也能作为一种本领。但是如果情绪不受控制、忽喜忽悲，可以视为心理和精神上的问题，也可以看作自控能力差的问题。

可见，了解大学生情绪的特点，帮助他们掌握情绪管理和应对压力的基本方法，培养他们积极乐观的心态，对于他们的健康成长十分重要。情绪管理的第一步是能识别情绪，觉察和体会自己正处于怎样的情绪状态中。如果情绪已经影响到一个人，但他自己还没有觉察，那他在不知不觉中就已经被情绪控制了。

四、当代大学生的人际交往特点

人处在社会中，具有社会性，因此每个人都要和他人进行交往。尤其对大学生来说，与人交往是大学阶段必须要学会的重要技能。大学生正处于知识储备、人格形成、探索社会的重要时期，身心逐渐发展成熟，大学时期也是学生从校园到社会、完成社会化的过渡时期。大学生通过与不同的人交往，能够通过交往行为认识社会、认识自我，然后发现自己的优势和不足，学会和他人正确相处。人与人之间交往时，要学会通过他人这面镜子客观地认识自己，并找出自己的缺点及不足，不断地完善自己。大学生的心理健康十分容易受到人际交往的影响。

当今的大学生生活在一个相对富足的环境中，衣食上不用发愁，有着父母的关爱、社会的关注，不用吃什么苦，大部分人没有经过艰苦生活的磨炼。这种生活环境使大学生很容易形成自视甚高的心态，自我评价比较高，获得尊重和自我价值实现的需要也比较强烈。尤其是进入大学之后，离开了父母的管束，他们认为自己已经成人，不想再受到家长和老师的过多干涉，想要独立自主。这种心理

第一章 当代大学生心理状况

的发展使得大学生的交际圈子产生了变化，他们不愿意和与自己不同年代的人沟通，只喜欢和自己的同龄人交往。在他们看来，同龄人和自己的思想一致，双方有共同话题和理想。如果将自己的看法和父母或者长辈说了，很容易遭到反对，这样反而阻碍自己的想法和行动。大学生的交往遍及全校，他们喜欢参加一些同乡聚会、同学聚会等。

当代大学生热衷于人际交往，注意锻炼自己的交往能力，交往状况总体呈积极向上的良好局面。同时，也有一部分学生由于家庭、个性、情绪等因素，在人际交往中存在一些问题，值得关注和引导。例如，以自我为中心的倾向明显；少数大学生性格孤僻，不善于表达，回避交往，交往圈子狭窄（宿舍同学、老乡和老师等是他们最主要的交往对象）；还有的学生人际关系紧张，常与人发生矛盾、产生纠纷等。

建立好人际关系的关键是富有同理心。在人生的不同发展阶段，对客观事物的认识是不相同的。在2～7岁的儿童阶段，儿童往往只会站在自己的立场和角度去认识事物、思考问题，缺乏了客观性和同理心。随着年龄的增长，人们会越来越倾向于站在客观的角度看待问题，于是，逐渐产生了同理心。但是对一些独生子女或者生活环境比较好的大学生来说，他们在自己的家庭中处于中心的位置，父母如果十分溺爱孩子，那么孩子就很容易养成以自我为中心的性格。如果和周边的同学交往，他们会认为别人和自己的感受是相同的；但是当他人的言语和行为与自己的心理预期不相符的时候，就会产生愤怒、生气的情绪。相关研究发现，大学生中有一小部分人意识到自己为人处世只会考虑自己的感受和利益，认为自己的生活目标就是成为别人眼中的焦点。这种心理折射到学习和生活中，就会表现为：不喜欢配角工作，没有成为主角或者处于主导的位置就会失落甚至生气；一部分学生在大学生活中更加习惯独处，不习惯被别人打扰，也很少参加集体活动，不喜欢社交，可能存在性格孤僻的问题；有的大学生没有明白大学生活的目的，只一味将学习当作生活的目标，不去和周围人交往，与他人生活在一起会因为生活习惯等原因产生矛盾，甚至可能发生恶性事件。

人们的交往方式随着社会生活和科学技术的发展发生了巨大的变化，尤其是各种网络社交媒介的兴起改变了交往的习惯。大学生是比较渴望与他人建立交往关系的，也更加希望得到周边人的认可，但是现代的大学生更加习惯于网络社交，这种网络社交方式的出现推动了学生社会关系的发展，同时也对大学生的社会关系产生消极影响。人们的社会关系在早期是以血缘、地缘等为纽带发展起来的，但是现代逐渐变成了以无线网络世界与他人进行交往联系。这种以网络为纽带的交往关系与现实的人际交往有很大的差异,有时候会产生很多负面影响,如果大学生沉溺于这些社交网络,天天刷手机,玩微信、微博、抖音等,将会影响到现实的学习和生活。

五、当代大学生的择业心理特点

社会的不断变迁、人口压力、疫情等都为大学生带来了很大的就业压力。大学生的就业焦虑来自担心自己找不到工作,即使找到工作了也担心找的工作不够好,错过了更好的就业机会。所以,很多学生就拖着不肯轻易签约,纠结工作的选择,心理素质比较差的学生甚至会出现心理问题。正是由于大学生的择业认知欠缺正确的引导,他们才会产生焦虑不安的情绪。另外,大学生对自己今后的发展没有一个明确的规划,不知道自己喜欢干什么、能干什么,对职业规范、地位和社会期待也没有一个明确的认知,对社会职业选择的复杂性认识不足。在种种因素的作用下,大学生就会产生"这山望着那山高""前怕狼、后怕虎"的择业心理。

第二节 当代大学生心理问题的成因和对策

一、当代大学生心理问题的成因

大学生群体由于处在人生发展的过渡时期,他们的心理和所处的环境都比较特殊。他们所处的环境中有很多对他们的心理健康会产生不良影响的因素,而且不同因素之间是错综复杂、交织在一起的。这些因素总结起来主要有两个方面:客观方面的外界环境因素和主观方面的个体。

(一)外界环境因素

1. 社会环境因素

社会环境因素主要包含政治、经济、文化教育、社会关系等几个方面。人们在怎样的社会环境下生活会影响其成为什么样的人,影响其生存和发展。青少年在社会生活中很容易受到社会的变化、生活节奏、社会风气、不健康的思想情感和行为等的影响,从而导致心理产生问题。当前的社会受到经济全球化和市场化的影响很大。世界各国的竞争日益激烈,这种激烈体现在经济上,又催动人们的

第一章 当代大学生心理状况

生活节奏加快,这种快节奏的社会生活使人们的心理压力越来越大。经过研究发现,越是经济发达的地区生活的压力就越大,发达国家的生活压力是发展中国家的三倍还要多;并且在同一个国家中发达地区与稍微落后的地区相比,城市与农村相比,前者都是压力更大的一方。大学生在这样的社会环境下不得不面临巨大压力。

我国虽然处于发展中国家行列,但是随着改革开放的发展,我国社会在近几年发生了翻天覆地的变化。社会的变迁使得人们的思想和价值观也在发生变化,尤其是思想活跃的大学生更加容易受到影响。加入世贸组织后,我国经济快速发展,各种新的思潮影响着社会,大学生乐于接触新鲜的事物,并且容易受到各种思想的影响。这种冲击会使其价值观和道德观产生变化,这种情况下,很多人更加不知所措。

一方面,高校招生规模持续扩大,但是社会能提供给大学生的岗位数量并没有跟上,这使得就业压力越来越大,大学生想要找到适合自己的工作非常不易。因此,许多大学生一进入大学就开始考虑找工作,为了给将来找工作打下良好的基础,不断考证,甚至长期使自己处于这种压力之下,从而出现心理问题。一旦他们在找工作的时候发现自己之前多年的努力达不到想要的效果,就会使这一心理问题加重。另一方面,市场经济使得大学生要面对严峻的市场竞争。我国高校教育体制的变革使得高校不再分配工作,这使得大学生的就业压力不断增加,个别大学生甚至感觉看不到自己前进的道路。

2. 学校环境因素

大学生的生活和学习基本都在学校里进行,加上大学之前,学习生活占据了其整个儿童、少年、青年时期,可以说学校是学生生活的关键场所,所以对其成长起到了关键的作用。学校中对学生的影响因素有很多,包括教育设施、学习条件、生活条件、师生关系、同学关系等。学生如果不能很好地适应学校生活,也不擅长处理各种学校中的人际关系,那就很容易产生各种心理问题。比如说如果学校的学风不正、老师的教育方法不当、师生情感对立、学生关系紧张、学业负担过重等,都会使学生承受很大的心理压力,造成精神紧张、焦虑等情绪。如果不能及时解决这些心理问题,就很有可能发展成心理障碍。

(1)环境的变化

新入学的大学生明显还不能马上适应大学生活。新的学习、生活要求大学生的学习、生活、思想都要自主,而这些与中学完全不同。多数大学生第一次远离家庭、独立生活,要亲手处理各种问题,而且还要面临一个重新认识别人、确立人际关系的过程。另外，对于大学中自己地位发生变化，每个大学生都有一个适应过程。大学里人才济济，许多学生失去了尖子生的地位，变成了普通的学生，所以不少学生产生"平庸感"。环境的巨大变化，加之缺乏心理准备，许多大学生在适应环境的过程中产生了心理问题和心理困扰。

（2）生活习惯的变化

南、北方学生的倒位就学，乡村、城市学生经济条件、价值观、人际交往方式的不同，在饮食、生活习惯方面的不适应等，都会造成部分学生的环境应激反应。严重的会影响到正常的学习、睡眠等，进而形成心理问题。

（3）学习环境和方法的变化

许多大学生在中学时都是在家长、老师的监督下学习的，学习的内容、目标、时间基本上由他人安排。进入大学后，大学生的学习时间、学习内容基本上都是自主决定的。面对这样的巨大变化，一些学生一时间不知所措，不知道学什么，学习目标也不明确，时常产生犹豫、自责、后悔的心理。另外，部分大学生还未找到适合自己的学习方法，以至于造成学习困难，增加了自己的心理压力。比如，中学的学习方法已经不适合大学课程，但大学生懒于探索新的学习方法，结果导致学习成绩不理想，难以有效地解决学习问题，进而出现焦虑、紧张等情绪，产生了很大的心理压力。

（4）语言差异

在大学中，大家都说普通话，但是大学生的普通话水平并不相同。一些来自偏远地区或者家乡话的语系与普通话相差较大地区的学生，在普通话交流上就有可能产生问题。这也会影响学生正常的学习和交往，自尊心较强的学生也可能产生自卑的心理。

（5）教育过程的影响

学校的教育水平也有差异。如果学校的教育改革推进缓慢，那么在教育模式和方法上就会与现代社会发展脱节，培养出的人才也不符合现阶段社会发展的需求。传统的教学模式更加注重知识的传授，但是对大学生其他方面的发展并不看重，学生的精力只放在书本理论知识上，不去参加社会实践；学校也不注重对学生的思想政治教育，培养出来的学生只会书本知识却不能融入社会。另外，如果学生遇到学习上的挫折，更加容易产生"厌学"的情绪。

（6）人际关系的影响

大学生的学校人际关系十分重要，甚至直接影响到他们的学习、生活和工作。如果学校的人际关系处理得好，拥有很多关系亲密的朋友，同时和教师、辅导员的关系也能处理好,那么学生的身心是舒畅的,会带着积极的心态去学习和生活。但是,很多的大学生在处理人际关系上是不擅长的,并没有正确的技巧去处理和他人的关系以及矛盾,在与他人的交往中感到不适应甚至排斥。如果交往的方法不当,甚至可能引发比较严重的矛盾。所以,校园人际关系是影响大学生心理健康的重要因素。

3. 家庭环境因素

家庭是学生的出生地,其儿童和少年时期的成长一直处在家庭之中。因此,学生的成长离不开家庭的影响,家庭能够影响到学生的个性、生活习惯和行为方式等。以下几个方面是家庭的主要影响因素。

(1) 家庭的自然结构和儿童早期教育

家庭的自然结构指的是家庭成员是否完整。完整的家庭结构自然是最有利于孩子成长的;如果家庭结构不完整,父母一方缺失甚至双方缺失很可能会对孩子产生较大影响。即使是家庭结构完整,但是如果父母的教育出现问题或者父母的关系不和谐,也可能导致孩子在成长中出现心理问题。

实践证明,和谐的家庭氛围、正确的教育方法和良好文化素养的父母更容易教育出心理健康的孩子。

(2) 父母教养方式

父母对待子女的态度是至关重要的。如果孩子小时候没有得到父母的关爱,那么成年之后很容易产生不易信任他人的问题,对周围的环境不信任、自卑等,并且能够感受到持续不断的焦虑和脾气变化无常,形成不良的性格结构。父母是孩子的第一任老师,对孩子的成长起到关键的作用,家庭中要营造良好的家庭氛围才能促进孩子的健康成长。

有的学者认为,大学生的自尊水平受到了其父母为人处世的影响。如果父母在平时做事的时候能够公平公正,并且乐于参与子女的成长、用语文明、讲究说话的艺术,教育出来的孩子一般都有较高的自尊水平;但是如果父母的为人处世出现了问题,那么教育出来的孩子的自尊水平就会偏低。正确的教育方式还有利于大学生形成健康的人格。

如果大学生有一个幸福的童年生活,家庭氛围和谐友爱,那么就会有一个健康向上的心理。但是如果在早年发生过不幸的事件,这种不幸会伤害孩子的心灵,其大学时期的行为模式和生活态度等都容易受到不良的影响。在个体的早期教育中,拥有父母的爱和鼓励支持更加容易建立起孩子的自尊心,其大学时期也容易建立起对周围环境和他人的信任,拥有安全感,也有利于和同学、老师的交往。如果大学生缺乏父母的爱和鼓励，缺乏自尊心，就会产生与人交往的障碍，不利于身心发展。父母的过分保护或者过分严厉也会打击大学生的自信心与独立性，会产生不同的问题。

（二）个体因素

大学生心理问题的个体影响因素有两方面，分别是个体生理因素和个体心理因素。

1. 个体生理因素

影响大学生心理的个体生理因素包括遗传因素、躯体疾病或生理机能障碍以及生理变化。

（1）遗传因素

心理疾病是不能遗传的，但是不代表心理活动不会受到遗传因素的影响。个人的气质、智力等都会受到遗传因素的影响。研究表明，如果一个家庭中有患精神疾病的家庭成员，那么就有可能影响到其他成员的心理。

（2）躯体疾病或生理机能障碍

心理障碍或者心理疾病也会受到躯体疾病或生理机能障碍的影响，甚至会成为发病的原因。比如，内分泌机能障碍的症状是甲状腺机能紊乱、机能亢进，患者会出现敏感、暴躁、易怒和冲动、自制力差的问题；肾上腺素分泌过多会引起躁狂症，而肾上腺素分泌过少会引起抑郁症。

（3）生理变化

青春期是人生中的关键阶段之一，在这一时期，人的心理和生理都会发生很大的变化，这在心理学上被称为"狂飙期"，其特点表现为情绪敏感、不稳定。大学时期属于生理发育的后期，身高和体型与青少年时期相比有比较大的变化，生理上也更加成熟，这些生理特点会引发特有的心理问题。

2. 个体心理因素

心理品质的完善与否会影响个体的心理发展。如果要对心理因素进行分析，主要从认知、情感和个性等方面来进行。认知就是人们对客观事物的认识，包括客观事物的特性与联系，是揭示客观事物对人的意义和作用的一种心理活动。个体认知的因素会对人们的身心发展产生重要的作用，甚至是基础性的。个体认知产生不协调，人们就会产生想要减少这种不协调的欲望，并且随着不协调程度的加深，产生的欲望也会越强烈，促使机体向着协调的方向发展。如果这种不协调不能得到控制和调整，就会在心理上产生问题，严重的话会破坏人格的发展。

第一章　当代大学生心理状况

（1）"理想自我"与"现实自我"的矛盾

一些大学生在进入大学后，一方面难以适应现实生活，不能很好地处理种种客观障碍；另一方面还要面对更强的学习竞争对手，从而难以实现"理想自我"。"理想自我"与"现实自我"之间的冲突没有得到有效化解，会严重影响大学生的心理状态。大部分学生会重新调整自我以适应现实，但也有部分大学生企图逃避与现实的矛盾冲突，在发展自我中放大劣势、忽略优势，以压抑和防御的心态对待现实。

（2）人际关系问题

在大学生的日常生活中，人际关系是一个贯穿其始终的问题。人际关系在很大程度上影响着大学生的心理健康，必须受到重视。具体而言，大学生与周围的同学、老师、亲人、朋友容易产生人际关系问题。

进入大学之后，大学生就开始了大学的人际交往。但是由于缺乏交往经验，也没有良好的交往技巧，大学生在处理人际关系上往往无所适从，长此以往，就会出现心理压力。大学生对人际交往的认识并不全面，存在一定的问题。大学生虽然拥有想要建立良好人际关系的期望，但是这种期望过于理想化，也没有解决问题的方法和主动性，造成对人际关系的不满情绪，最终影响人际关系。

（3）人格不健全

人格因素也就是个性因素，个性因素是心理活动的核心。人格具有社会历史性，人格是在先天为儿童提供的生物实体的基础上，通过社会活动和社会交往逐渐形成的。人格一旦塑造完成，就会对大学生的心理和行为带来不小的影响。比如，面对相同的挫折，两个不同个性的人会产生不同的反应。个性中消极、懦弱的一方会消极应对，没有办法面对失败，可能就直接放弃"躺平"；个性中积极、坚毅的一方则会积极寻求解决的办法，直到战胜挫折。大学生中如果产生了心理问题且心理问题比较多、比较严重的话，就很有可能是人格不健全造成的，不健全的人格导致这些心理问题的形成。人格发展不健全，具有特殊性，就很有可能产生心理问题和障碍，严重的话可能出现生理上的疾病。

（4）心理冲突

大学生处在20岁左右的年龄，生理上大部分已经发育成熟，但是心理上并没有完全成熟，还可能带有一定的幼稚性、依赖性以及冲动性。大学生由于从小到大都在学校生活，很少与社会接触，社会阅历比较少，如果遇到解决不了的问题和矛盾就会产生心理冲突，在心理上产生巨大的压力。在日常生活中、常见的心理冲突类型有趋避冲突、双趋冲突、双重趋避冲突、双避冲突。

第一，趋避冲突，即人们对某一目标同时具有趋近和逃避两种心理动机，这两种动机是相冲突的。产生的目标具有以下特点：目标能满足人们需要，具有一定的吸引力，但是实现目标的路上会有一定的困难和挫折，在心理上产生威胁。比如说大学生渴望和异性交往，但是又怕被拒绝，产生冲突、纠结的心理。

第二，双趋冲突，即同时出现两个对人们具有一样吸引力的目标，但由于各种原因的限制，只能二选一，从而在心理上产生难以取舍的内在冲突。比如，大学生既想多利用些时间学习理论知识，又想多参加社会实践活动，但时间与精力总是有限的。

第三，双重趋避冲突，即同时出现两个目标，无论哪一个目标都是利弊共存的，这种冲突便是双重趋避冲突。例如，有些大学生在就业时面临进国企还是三资企业的抉择，权衡利弊时就容易产生双重趋避冲突：国企比较稳定，各方面有一定的保障，但工资比较低；三资企业的收入比较高，但稳定性较弱。

第四，双避冲突，即同时出现两个目标，但都会给人们带来负面影响或压力，不知该怎样权衡选择，从而在心理上形成压力。例如，一个管理者要严格按制度办事，就容易得罪人；但如果不严格按制度办事，就要面临失职带来的风险。

大学生心理问题是由多方面因素造成的，这些因素错综复杂，可能互为因果，并不是单纯地直接影响到某个心理问题，多是交织共同影响。因此，在对大学生的心理问题进行判断和分析的时候，要多角度、相互联系探讨，充分挖掘各种原因，这样做出的诊断才是最正确的，才能采取相应的措施来调试和治疗。

二、当代大学生心理问题的解决对策

（一）学校方面

1.加强心理健康教育的课程建设

在高校教育中，对大学生进行心理健康教育的主要途径就是增强心理知识技能课堂教学，从而达到对大学生心理问题干预的目的。学校要对教学方法进行改进，通过各种形式来提高课堂教学效果。可以进行案例教学，也可以对学生进行行为锻炼等，以此来帮助教师和学生共同关注心理健康问题，从而营造一个帮助学生成长的良好校园氛围，激发学生对心理知识进行学习和运用的内在动力，让大学生的自我心理保健能力和心理素质得到提高。

①开设心理健康教育课程，主要分为两个课程，分别是"思想道德修养"课

程和"大学生心理健康教育"课程。通过心理健康教育课程提高学生参与心理训练的积极性和主动性，同时对学生进行自我教育，让大学生在心理素质教育方面有更深的认识。

②面向全体学生展开心理知识技能辅导教育，以此来增强学生的心理健康意识，培养学生提高自我心理控制和维护的能力。一般包含四方面的内容，分别是个性教育、情感教育、人际关系指导和性心理教育。

2. 大力开展心理咨询工作

当前，很多学生出现了不同程度的心理健康问题，因此，心理咨询工作非常重要。心理咨询工作能够帮助学生解决各种心理问题，是一种非常重要的解决途径。高校应该在校园内建立心理咨询中心，并配备专业的心理咨询人员，由他们来接待学生。不同的学生面临的心理健康问题可能是不一样的，因此，心理咨询人员应该根据每个学生的实际情况采取不同的咨询方式和策略，让学生更容易接受心理咨询，从而帮助学生解决生活、学习、情感等与心理健康有关的问题。

障碍咨询主要针对存在心理障碍的学生所进行的咨询，发展咨询主要是对希望自己的潜力得到开发的学生所开展的咨询。除此之外，还有生理咨询、求学与就业咨询、家庭与学校教育咨询、恋爱咨询等。

心理辅导或咨询工作的进行需要结合多种方式，如个别咨询、团体辅导活动、心理行为训练、书信咨询、热线电话咨询、网络咨询等，这样才能为学生提供有针对性的和有效的心理健康指导与服务。

3. 打造高素质的心理健康教育教师队伍

在教育层面上，高校对大学生心理问题进行预防的途径主要是开展心理健康教育。心理健康教育工作具有很强的专业性，其需要有一支高素质的心理健康教育教师队伍参与其中。这对心理健康教育工作的顺利进行和良好发展具有至关重要的作用。

在教师层面上，目前负责心理健康教育的教师多数没有接受过正规的、系统的心理学科知识、技能的训练，并也不太了解现代心理咨询技术。因此，大学生心理问题的预防和干预的效果很难得到保证。

从上述两点可以看出，打造一支高素质的心理健康教师队伍非常有必要。高素质的心理健康教育教师队伍建设可以从以下两方面进行。

①加强专兼职教师队伍建设。目前，高校一般将教育学、心理学和思想政治教育方面的教师作为主体，将专兼职心理咨询教师作为骨干，由此构成心理健康

教育活动的主体。教师队伍的整体素质对心理健康教育的最终效果具有决定性的作用。专兼职教师的素质在一定程度上决定着教师队伍的整体素质，因此，对专兼职教师的培训工作也是非常重要的，应该将其列入学校师资培训计划，通过短期或长期培训，让他们具备心理咨询工作所需的职业道德素质和专业理论、技术水平，从而让他们预防与干预大学生心理问题的能力得到提高。

②加强对辅导员、班主任、各科任教教师等人员的培训。他们在心理健康教育队伍中是最基本的人员构成，他们对学生的情况更为了解。因此，学校心理咨询中心应该定期对他们进行各种形式的培训，让他们对心理健康教育的方式方法有一定的掌握，能够在日常教育中为学生解决一些心理问题，让学生的心理健康水平得到提高。

4. 营造良好的心育环境

①加强校园文化建设，为大学生心理健康成长营造良好的校园氛围。在校园文化建设中，校风是非常重要的内容，对学生的心理发展具有重要的作用。良好的校风能够潜移默化地提高学生的心理品质，如团结友爱的校风能够增强学生群体的凝聚力，增强学生的集体荣誉感，有助于学生间和谐人际关系的形成，促进学生之间的沟通交流，让学生之间形成互相帮助的良好风气。这种积极向上、健康宽松的环境能够促进学生自我认知的深化，使其充分发展自己的个性，提高自己的适应能力。

②开展丰富多彩的校园文化活动。学校要大力开展校园文化活动，可以开展大学生科技节、大学生艺术节等活动，也可以开展讲座、演讲、知识竞赛、学习研讨会和辩论赛等活动，还可以开展青年志愿者活动和爱国主义教育活动，从而提高学生参与各种活动的积极性和主动性。

③开展多种心理素质拓展活动。学校可以在以"磨炼意志、陶冶情操、完善人格、熔炼团队"等为目标的基础上，开展各种各样的具有创意的心理素质拓展活动，这样在培养学生良好人格和健康生活方式的同时，也能让学生感受到人际交往中的愉悦，让学生的心胸更加开阔，让他们的情趣得到良好培养，从而形成优良的心理素质。

（二）家庭方面

家庭是社会中非常重要的一部分，是一个人赖以成长的必要场所，也是一所孩子受教育的学校。一个人的心理健康与家庭教育之间存在着密切的联系，家庭生活环境、家庭氛围、家庭教育方式、家长的文化素质等都在不同程度地影响着大学生的心理健康。因此，从家庭方面帮助解决当代大学生的心理问题应该从以下方面进行。

1. 家长要努力提高文化修养

时代在发展，社会在发展，不仅学生要学习，家长也要做到终身学习，正所谓"学无止境"。在家庭教育中，家长影响孩子的同时，孩子也在影响着家长，家长和孩子互为主体和客体，他们之间的关系是互动。一方面，孩子在身心发展的过程中各方面良好的行为习惯并未形成，很多行为习惯正处于养成的过程中。因此，孩子在行为习惯养成过程中需要家长进行正确的引导和教育。另一方面，随着社会的快速发展，孩子会受到社会各种因素的影响，在潜移默化中形成一些社会化的行为，这在一定程度上影响了家长。这时家长应该积极认真地对待这种影响，通过不断学习来面对孩子行为的不断变化，也要根据自己孩子的实际情况和特点采取不同的教育对策，这样才能更好地促进孩子的健康成长。

2. 家长要创建和谐的家庭环境

大学生心理健康问题的形成离不开家庭环境的影响。不良家庭环境会让大学生出现很多心理健康问题，这些不良的家庭环境主要包括家庭成员之间存在比较紧张的关系，家庭教育存在问题，经济和身体健康状况存在问题，家庭结构不完整，等等。这些家庭环境问题会不同程度地影响大学生的心理健康，如家庭成员之间的紧张关系会影响孩子的性格；不恰当的家庭教育活动会影响孩子的全面发展；家庭经济问题会导致孩子自卑心理的形成；家庭结构不完整会影响孩子良好性格的形成，甚至导致孩子出现不能有效融入社会的问题。因此，作为家长应该为孩子创造一个和谐的家庭环境，这样才能为孩子打好健康成长的良好基础。

3. 家长要定期同子女开展深入的交流

家长与孩子之间进行深入的思想交流，不仅能够将一定的生活经验传递给孩子，还能在交流过程中了解孩子的真实想法，从而使家长与孩子之间在一定程度上达成共识。因此，家长和孩子之间应该定期进行深入的交流，从而让家长了解孩子最近的思想状态以及最近遇到的问题，这样家长能够帮助孩子解决生活和学习中的各种问题，从而对孩子心理问题的出现起到很好的预防作用。与此同时，孩子也能拥有一个倾诉的渠道，拉近父母与孩子之间的距离。家长和孩子之间的深入交流应该做到以下几方面。

①融洽关系，制造沟通的气氛。很多父母无法掌握与孩子进行良好交流的方式方法，通过交流后如果发现孩子存在一些问题，往往会以严厉的方式斥责孩子。长此以往，孩子就会变得不愿意向父母敞开心扉，同时也会使孩子和父母之

间的距离越来越远，变得没有共同话题。所以，家长在同孩子进行交流的过程中必须营造一种和谐的气氛，发现孩子的问题时不要以暴力方式应对，而是给予他们一些合理可行的建议，不断拉近彼此之间的距离。

②放平自己的心态。许多父母在和孩子交流的过程中总是不能摆正自己的心态，不能和孩子进行平等交流，家长作风严重，无法拉近同孩子之间的距离。因此，父母要想和孩子进行比较有效的心灵交流，就应该以平等的身份同孩子进行交流，多站在孩子的立场上思考问题，关心他们所关心的，使孩子愿意敞开心扉。

③有的放矢，主题明确。家长想要对孩子某个方面的想法有所了解，想要解决某方面的问题，一定要事先进行规划。家长在与孩子进行交流的过程中，一定要明确交流的主题，为双方创造良好的沟通氛围，让孩子在交流中有所收获。

④选择方法，增强谈话的效果。不同孩子的思想特点是不同的，作为家长，平时应该对孩子进行细微的观察，以此来了解孩子的思想特点，从而运用孩子能够接受的方式进行交流。交流的方法可以分为两种：一种是直叙法，即家长采用直截了当的方法，直接切入主题。这样能够很快地进入主题，但是这种方法一般适合性格活泼的孩子。另外一种是间接法，家长在与孩子进行交流的过程中，先引入与聊天主题相关的话题，以此展开对话，引起孩子交流的兴趣。之后再顺着这个话题进入所要交流的主题，一般情况下，这种方法非常有效。家长要根据交流的主题和孩子的性格特点选择不同的交流方法，这样才能更好地了解孩子的思想状况。

（三）社会方面

1. 政府——明确职责，优化社会环境

通过对大学生心理问题产生的原因进行分析，可以知道学生心理问题的产生与就业市场状况、学校的教育状况等有密切的关系，而这些方面又与政府制定的制度、政策及监管力度等息息相关。因此，政府应该发挥自己的作用，采取有效的措施，对大学生心理健康教育的社会环境进行完善。

①政府要重视学生心理健康教育，加强师资力量培养。在教师管理方面，政府应该制定明确的政策，严格把控教师的入职门槛，防止那些没有爱心和责任心，甚至本身就有心理问题的教师进入校园。与此同时，从事心理健康工作的教师和咨询人员必须接受过相关的教育，并拥有专业合格证书，在教学和咨询工作

方面要有丰富的经验，要对心理健康教育或咨询的相关知识和技能有全面而系统的掌握。在欧美国家，从事大学生心理健康教育或心理咨询的工作人员是一定要经过严格专业训练和考核的，只有这样才能有资格从事这方面的工作。因此，推进我国大学生心理健康教育，一定要培养一批高素质的师资队伍。当然，这也需要我国各级政府在政策和财政方面给予支持。

②政府要加强就业市场监管，加大对大学生创业的支持力度。政府在发展经济的同时，必须加大对就业市场的监管力度，合理制定相关的就业政策，让就业市场竞争保持在公平、公正、合理的状态。与此同时，各级政府要在财政预算中增加教育的比例，多方面筹集创业资金，扶持优秀大学生自主创业，在保障社会整体公平的基础上，缓解大学生就业心理压力。

2. 媒体——净化环境，传播主流思想

媒体对信息的传播发挥着重要的作用。现代媒体的形式多种多样，如电视、广播、报纸和网站等。随着网络的快速发展，大众媒体逐渐成了信息传播过程中的主要媒介，对人们的思想起到越来越大的引领作用。大众媒体传播信息的方式有很多种，传播的内容也各式各样，对人们价值观的形成造成影响，对人们的行为活动发挥着暗示作用。目前，大学生对社会的了解主要是通过网络、电视、报刊等实现的，因此，媒体在很大程度上能够影响大学生意识的形成。

媒体不仅对大学生的社会认知产生影响，也会对大学的心理健康发展造成影响。因此，各类媒体在信息传播的过程中一定要坚持正确的价值取向，为大学生良好心理的发展创造积极有利的环境。为此，媒体要充分认识到自身在大学生心理健康发展中的重要作用，了解大学生存在的心理问题，正确把握塑造大学生健康心理的宣传方式与宣传内容，让大学生在良好的媒体宣传环境中得到良好的心理发展。除此之外，媒体还要开展一些能够促进大学生心理健康发展的活动，充分发挥自身的正向引领作用。

3. 社区——提高素质，引导健康生活方式

社会居民所要形成的素质主要包括身体素质、心理素质和社会素质，这是他们进行社会活动所应该具备的基本素质。大学生在生活中会接触很多社区居民，各个社区居民所具备的各种素质会以不同形式传递给大学生，从而影响他们心理素质的形成。我国的历史故事"孟母三迁"就是这方面的典型代表。在大学生心理健康素质提升的过程中，必须注重对于社区居民良好素质的教育工作，可以通过使他们养成健康的生活方式等途径展开，比如创造更多机会使他们多进行体育

运动。经常开展体育运动可以帮助人消除心理疲劳，对缓解压力有很大帮助；参加体育运动能培养人的坚强的意志，还可以促进人的个性品质的形成。因此，体育运动在很大程度上能够对人的心理健康产生影响。

第三节 当代大学生心理危机的成因和对策

一、当代大学生心理危机的成因

心理危机产生的过程是非常复杂的，并不是由单一因素造成的。通常情况下，心理危机是在外在事件（应激源）和个体内在共同作用的过程中产生的。

（一）大学生心理危机的产生机制

心理危机的产生首先要有应激源，即能够引发应对反应的刺激或环境，也就是能够引发心理危机的事件。这是心理危机产生的外在因素。但是事件本身并不一定能够直接引发心理危机，还要在个体的应对能力等因素的基础上才能发挥作用，即还取决于个体的内在特征。这是心理危机产生的内在因素。

对于个体的内在特征，不同的理论流派有不同的阐释，这里主要对萨提亚模式的冰山理论进行介绍。这个理论采用了精神分析学派对心理结构的冰山隐喻，但是其对人丰富内在的阐释是更为全面和深刻的，对非专业人士来说也是比较容易理解的，如图1-3-1所示。

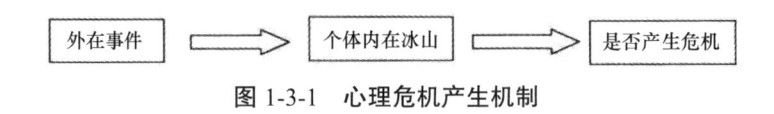

| 外在事件 | ⟹ | 个体内在冰山 | ⟹ | 是否产生危机 |

图1-3-1 心理危机产生机制

由图1-3-1可知，当同样的外在事件发生在不同的人身上时，因为不同个体的"冰山"（内在心理系统构成）不同，其应对结果可能也会不一样。比如，A和B两个人同时失恋了，但他们的内在心理状态不同，其结果也不同，如图1-3-2所示。

```
┌──────┐      ┌──────────┐                    ┌──────┐
│ 事件 │      │ 个体反应 │                    │ 结果 │
└──────┘      └──────────┘                    └──────┘
```

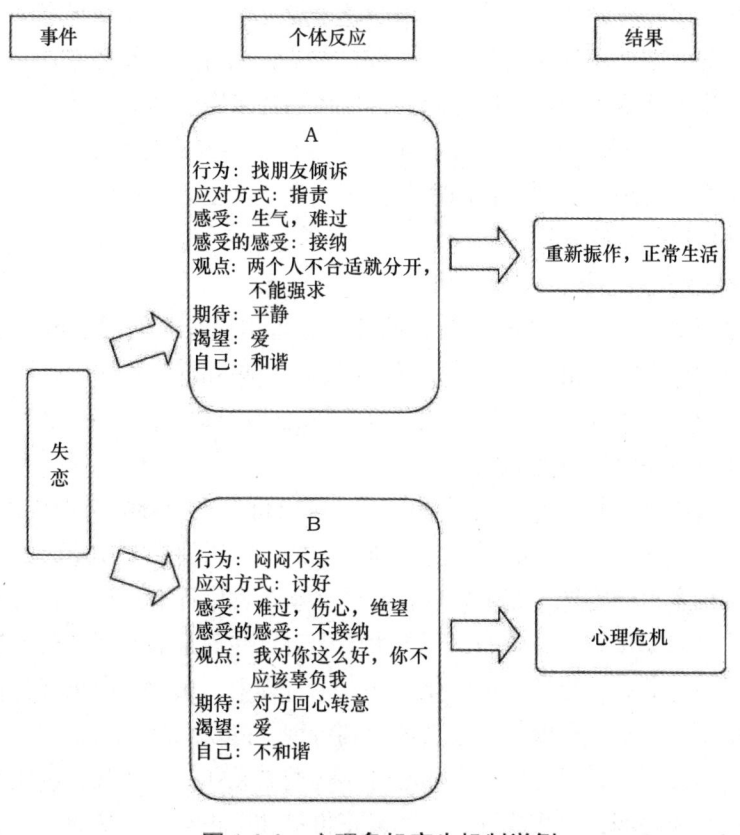

```
                  ┌─────────────────────────┐
                  │           A             │
                  │ 行为：找朋友倾诉        │
              ┌─> │ 应对方式：指责          │      ┌──────────────────┐
              │   │ 感受：生气，难过        │ ──>  │ 重新振作，正常生活│
              │   │ 感受的感受：接纳        │      └──────────────────┘
              │   │ 观点：两个人不合适就分开，│
              │   │       不能强求          │
              │   │ 期待：平静              │
              │   │ 渴望：爱                │
              │   │ 自己：和谐              │
              │   └─────────────────────────┘
    ┌────┐ ──┤
    │失恋│   │
    └────┘   │   ┌─────────────────────────┐
             │   │           B             │
             │   │ 行为：闷闷不乐          │
             └─> │ 应对方式：讨好          │      ┌──────────┐
                 │ 感受：难过，伤心，绝望  │ ──>  │ 心理危机 │
                 │ 感受的感受：不接纳      │      └──────────┘
                 │ 观点：我对你这么好，你不│
                 │       应该辜负我        │
                 │ 期待：对方回心转意      │
                 │ 渴望：爱                │
                 │ 自己：不和谐            │
                 └─────────────────────────┘
```

图 1-3-2　心理危机产生机制举例

（二）大学生心理危机的应急源

1. 个体与自我产生冲突引发心理危机

一般情况下，给人带来心理危机的应急源都是外来的，如突发灾难、生活事件、工作与学习压力等。但是，应激源也可以来自个体内心，内心应激源是个人在内在心理因素干扰的过程中所形成的压力来源，如个体的虚无感、内心冲突和矛盾、完美主义等，这些内心应激源都有可能引发人的心理危机。

随着改革开放的不断深入，西方文化无论是物质上还是制度和观念上，都对我国传统文化的根基造成了冲击，对人们长期构筑的精神世界造成了很大的影响。中国传统文化与西方文化之间进行了比较，二者之间不仅有冲突，也有融合，传统文化面临着剧变。随着社会环境越来越复杂，文化规则越来越混乱，人们赖以生活的社会秩序的原始和谐状态被打破了，原有的价值观遭到冲击，甚至人们对此产生了怀疑和否定。但是新的价值体系尚未完全确立，从而使个体陷入一种没有参照和归附的境地，让个体的内心深处很容易产生空虚、绝望和恐惧。这是大学生产生心理危机的内在因素。关于大学生产生心理危机的内在因素，可以从两个视角进行具体分析。

（1）个人心理发展的冲突

大学生所处的心理发展时期是特殊的，心理结构各方面的发展也是不平衡的，在自我意识上常常出现矛盾的状况。例如，理想和现实之间出现脱节，理性和非理性之间出现相互交织，独立性与依赖性之间出现共存，一旦受到外界因素的困扰，就很容易引发心理危机。

第一，人生观、价值观出现矛盾。人生观与价值观会影响心理危机的产生，这主要是由人生观与价值观的形成过程所决定的。在需要的驱动下，人生观和价值观受到自我意识的引导，在个体和社会的互动过程中逐渐形成。社会多元文化的出现导致多元文化价值观念的出现，大学生对这些观念会不断进行比较，再进行选择和过滤，最后进行整合和内化。在这个过程中，大学生会出现各种各样的情绪，如困惑、迷茫、空虚等，也会体会到各种价值观念之间的矛盾。在这一系列复杂的心理过程中，原有的稳定的心理结构遭受破坏，人生观和价值观失去了平衡，无法实现协调，无法找到人生的真正价值和真正意义，从而在心灵上产生冲突和空寂。因此从某种程度上来说，心理危机是人生观、价值观冲突或意义缺失的一种外在表征，而这种状态一般通过存在性的危机表现出来。与境遇性、发展性危机相比，存在性危机的干预难度更高，其造成的影响也更为深刻和长远，并且更容易导致悲观绝望的心理，从而产生过激行为。

第二，认知方式出现偏差。认知是个人对自我以及对周围环境的认识。应激事件发生之后，个人对这个事件的认知和主观上的感受对个体应对危机的过程发挥着极其重要的作用，对事件形成的不同认知会造成不同的心理反应。个体的认知在很大程度上决定了刺激源能否对个体构成危机：如果个人对事件有一个科学的、切合实际的认知，那么这个人对事件的本质能够有很好的把握，所采取的应对方式也是比较恰当的；如果一个人对事件的认知是失当的，那么这个人在面对外来应激事件时就很容易出现心理危机。因此通常情况下，认知在心理危机应激源和心理危机之间起着中介的作用。

第三，认知发展不成熟。认知发展在个体心理发展过程中发挥着极其重要的作用，个体的青年时期处于认知发展的重要转折期，这个时期的认知方式并不是很成熟。由皮亚杰认知发展理论可知，个体在青少年时期虽然对辩证思维方式有了一定的掌握，但是形式逻辑思维仍占据优势地位。大学生所处的时期是抽象逻辑思维高度发展的时期，这个时期辩证思维也在逐渐发展，发散性思维也在这个时期进行了发展。但是，大学生常常过度地运用想象与间接思维进行思考，并不善于将集中思维与发散思维进行巧妙的结合，这样很容易造成与现实相脱离，容易得出片面性的结论，甚至会出现对现实怀疑和不满的心理，从而使自身的进取心遭到削弱。这样的认知方式和思维特征很难让大学生以比较客观、全面、辩证、理性的态度去认识事物，从而在一定程度上表现出主观性、片面性和绝对性，对事物所做的评价往往是非常简单的。

（2）个人在个性上存在缺陷

从心理学的观点来看，个性本质上是一个动态组合，在这个动态组合中包含着一个人区别于其他任何人的行为、特征与属性。一个人的需要、动机、情绪、自我知觉、角色行为、态度、价值观与能力等都从属于他的特征与属性。由于个体在先天遗传与后天的社会环境等方面存在差异，因此，有些人会存在心理承受能力差、人格偏执、冲动易怒或胆小怯懦等性格缺陷，这就是所谓的个性缺陷。心理危机也更容易存在于一些自闭、孤僻性格的人身上，这些人对外界的帮助较为排斥，若强行干预则会使他们产生一些出于本能但并非理智的反应，严重者会危害自己甚至他人的生命。

第一，挫折承受能力差。有些学生出现心理危机的原因是其在此之前的生活非常顺利，并没有遭遇过什么挫折，这些学生具有极强的自尊、自强与自立意识，但同时也对身边的人具有较强的依赖性。这些学生生活在精神和物质上都非常富足的家庭，社会经验相对较少，生活阅历也较少。因此，他们并没有"时刻都需要应对危机"的心理准备，当灾难真的降临在这些学生身上时，当这些学生意识到现实与理想并不一致时，他们的心理防线就会因为缺乏对危急事件的方法而崩溃。由此可见，挫折承受能力差是大部分学生存在心理危机的原因之一。

第二，自我意识存在矛盾。大学生自我意识的发展过程可以被归纳为"分化—整合—再分化—再整合"的过程，即大学生自我意识的发展处于不断分化与整合之中。主观我与客观我的矛盾、理想我与现实我的矛盾、独立与依附的冲突、渴望交往与心理闭锁的冲突、自负与自卑的冲突、理智与情感的冲突、追求上进与自我消沉的矛盾等，都是大学生自我意识分化的主要表现。大学生在自我意识的分化中能够对自己的内心、行为、角色与责任产生新的认识，在分化的过程中，一些不曾被注意到的细节也会进入大学生的视野，使其对自己产生怀疑心理，这种怀疑心理使他们在对待自我的态度与评价上会表现得非常矛盾。从某种角度来说，大学生会在自我意识分化的过程中对自己的认知更加积极，这部分人会在自我悦纳、自我欣赏、自我认同、自我表露方面比其他人更加积极，不会产生较多的自我妨碍与自我封闭情绪。这部分大学生拥有更加明确的自我意识，相应地，也会拥有更强的自尊心与自我效能感。从另一个角度来讲，这些大学生的自我认知会更容易被生活中的挫折与失败摧毁，从而走向另一个极端，也即开始自我否定、自我怀疑、自卑，更有甚者会将自己封闭起来。这类大学生对于自我的评价总是不准确的，自我认知时而积极、时而消极，自我体验与自我控制也是如此，由此会更容易产生自我肯定性或否定性的情绪变化。正如上文所说的那样，负向的自我认知往往会出现在平日里学业较为顺利的学生身上。一些大学生由于自我意识产生了矛盾，内心会产生较为强烈的不安感，这部分学生会更加渴望成功，同时也会更加害怕自己失败。

第三，过分关注自我。在自我意识发展的过程中，青年期是必不可少的阶段之一。在这个时期内，大学生各项身体机能都趋向成熟，思维与想象能力也在不断发展，对周围的感知也更加敏感。随着人际交往圈的不断扩大，大学生开始将注意力放在自己身上，更专注于对自己内心世界的探索。一方面，他们对自身个性与理解方式的养成有着更加迫切的期待，会对自己的形象塑造与自我模式设计更加感兴趣；另一方面，这部分大学生在人际交往中较为自我，认为自己对周围的人有着较大的影响。在青少年成长过程中，自我中心是一个非常重要的概念，它最主要的作用就是将青少年与成人世界区分开，并以此作为进入成人世界的标准。同时，自我中心也是儿童向青少年过渡的重要标志。在这个时期，青少年认为周围的每个人都非常关注自己的行为，因此，青少年为自己构建出一些假想观众与个人神话。假想观众是指由于青少年为自己构建的并不存在的假想观众，因此，他们的自我意识会远超其他人，也会比其他人更加注重外界对自己的评价。更有甚者会在真实与想象出来的情境中进行一些"测试"，通过这些"测试"来对他人的行为反应做出大致估计。有些青少年，独特、无懈可击、无所不能就是他们对自己的评价，这些评价就是他们为自己构建的个人神话。成人在对青少年冒险行为与问题行为进行解释时，假想观众与个人神话这两个自我中心观念是必须要考虑的。当代大学生生活在信息技术发达、社会氛围良好的环境中，传统文化对他们来说并没有太多记忆深刻的画面。在这样的时代背景下，他们可以勇往直前、坚持自我，充分展示自己的个性并接纳自主性的多元评价。

第四，存在一些不良心态。在大学生群体中，有些学生存在退缩、偏狭、虚荣等一系列的不良心态。大学生"无聊"的心理通常呈现出空虚、幻想、被动等特点，他们常常因为缺乏人生目标而感觉不到自我存在的意义与价值。空虚是指一部分大学生缺乏生活目标与生活动力，对生命的意义认识不深刻。幻想主要是学生无法独自承担责任，导致自己心理负担加重。被动是因为虽树立了人生目标，但是现阶段的人生目标并不是自己所追求的，因此，对于人生目标的实现缺乏主动性与创造性。

2. 个体与他人产生冲突引发心理危机

对于这个方面的理解可以从以下方面进行分析。

（1）人际关系适应不良或交际困难

大学生从中学过渡到大学，会建立一种全新的人际关系。不得不承认，中学时代的人际关系较大学来说会简单许多，同学们会仅仅因为你成绩好簇拥在你身边。但到了大学，人际关系会呈现出更复杂、范围更广泛、独立性更强、更具社会性等特征。在大学生的人际交往过程中，其需要使用一定的技巧才能妥善处理好大学中复杂的人际关系。但由于个体存在差异性，许多大学生都会因为无法正确、妥善地处理人际关系而诱发心理危机，出现自我否定的情绪，并常常陷入苦闷与焦虑。

（2）情感问题

处于青春期的大学生无论是在生理还是在心理上都有了一定的发展并趋向成熟，对爱情也理所应当地有了自己的向往。现代社会，大学生谈恋爱是一种常见的现象，因此，大学生在恋爱中存在的情感问题一定要得到应有的重视。在大学生的恋爱经历中，单相思、恋爱纠纷与失恋是诱发大学生心理危机的重要因素。在这三者之中，失恋对于大学生的心理损伤是不言而喻的，如不加以正确引导，很可能使大学生产生心理失调、精神崩溃的危险，甚至做出极端行为。

（3）心理支持系统缺乏

来自亲人、朋友、同学等多方面的心理支持是大学生维持心理健康的重要途径。一些大学生性格内向，并不愿意将自己遇到的不顺心的事情倾诉给他人，长此以往，就会造成较为严重的心理危机。

身心健康的可持续发展依赖于良好的心理支持系统。心理支持不仅能对大学生的心理压力形成缓冲，保护处于压力状态下的个体不受侵害，保持个体的身心健康水平，还能够使大学生维持良好的情绪体验和身心状况。由此可见，心理支持与心理健康具有非常紧密的联系。

社会联系网络与一个人整体的精神状态紧密相关，在社会联系网络中，人们会接收到一种社会性回报行为。这种社会性回报行为的特征是具有稳定性与可沟通性，它能够给人带来积极的体验。家庭、同学、老师、邻居、朋辈群体、社会组织与环境氛围都可以作为大学生的心理支持系统而存在。情感支持、具体任务协助、获取与反馈信息、陪伴都是心理支持系统能够为大学生避免心理危机做出的实际行动。若个体周围不存在较高密度的心理支持网络，该个体会更容易陷入心理危机。

3.个体与环境产生冲突引发心理危机

环境是由多种要素组成的，因此个体与环境的冲突也表现为多个方面。

（1）个体与社会环境的冲突

人们的价值取向与心理上产生的剧烈变化都是出于社会急剧变革的原因，在这样的背景下，心理不适、精神障碍甚至心理异常的情况屡见不鲜，甚至会出现在一些刚进入校园的大学生身上。当前，青年大学生有抱负，有热忱，有建设国家的责任感与使命感，对国家与社会有着较为强烈的忧患意识。这一代青年大学生的肩上有着光荣的使命——发展自身，振兴国家，因此，他们也承受着许多社会环境方面的压力。由于感受到自身承载的重担，有些学生对于自己的未来非常迷茫，由此陷入强烈的心理冲突中，心理危机也随之而来。

（2）个体与学校环境的冲突

第一，学习压力。学校为提高毕业生就业率、增强毕业生职业竞争力，忽视了学生在发展中承受的重担，在学科设置、课程数量、质量评估等方面超过了学生的心理负荷。

第二，就业压力。我们在上文中提到，学生出现心理问题的原因有一部分就是来自就业。如今社会形势严峻，就业领域的不公、学生家庭及社会背景、地域差异及性格等因素更容易使贫困学生产生心理问题，且产生心理问题的概率不断升高。

（3）个体与家庭环境的冲突

贫困生的心理危机主要是由学费问题引发的。有些农村生源的学生生活艰苦朴素，进入大学之后更容易因大学中的贫富差距产生自卑感与心理障碍。有些贫困大学生会利用课余时间打工赚钱,这会对他们的学习产生较大影响。贫富差距过大、社会环境的影响很容易使这部分大学生形成心理危机。

从家庭环境角度来说,大部分大学生的家长在孩子进入大学之后开始放松对子女心理健康的关注。大学阶段的家庭教育的主要内容是配合学校和社会一起培养大学生的综合素质,本书把这种教育称为非智力因素的教育。在这样的教育环境下,家长应该不断更新自己的教育观念,亲身参与到大学生子女的教育活动中来,了解这个阶段子女的身心特点,并在子女有心理压力时及时疏导,帮助子女实现身心健康发展。

(4)个体与网络环境的冲突

随着时代的发展,现代大学生极易将自己置身于由网络媒体构建起来的虚拟空间,从而产生心理变异的情况。部分大学生在进入校园之后无法与他人进行友好而亲切的交流,在与他人的交往中缺乏自信与社交技巧,课余时间也不与人结伴交流,而是倾向于自己独处,这时,理想与现实的矛盾就产生了。社交软件的存在为这些大学生提供了相互了解、相互交流的条件,久而久之,就形成了沉迷"虚拟社会"、不愿在现实中与人交流的网络依赖症。网络信息使青年学生扩大了社会接触面,在各种各样的网络信息中使自己的价值观、人生观与道德观遭受了不小的冲击。网络信息技术的发展也使大学生通过手机对权威产生了怀疑,教育工作者必须及时注意到这些问题,加大对学生的思想政治教育力度,以便更好地把握大学生的思想脉搏。除此之外,大学生在网络空间中耳濡目染了一些网络暴力与色情信息,致使这部分大学生悄无声息地产生了暴力倾向,从而引发心理危机。

二、当代大学生心理危机处理的对策

(一)社会要注重核心价值体系的构建

在心理成长发展的过程中,树立正确的价值观对于社会稳定发展和个人内心平衡发展有着至关重要的作用。无论是现阶段还是将来,价值信念对于现代中国的发展都是不可或缺的,价值信念是当代人们存在与发展的精神与心灵归宿。

大学生健康价值体系的建立对社会发展进程有着积极影响。在构建心理危机预防与干预体系时,不仅要关注到个体心理危机的特点,还要把握社会文化发展的时代脉搏,在其中寻找共同的危机特征。

（二）家庭要更多地关注危机教育

学习成绩好在现代父母眼中就是一个孩子合格的标准。但在实际生活中，许多孩子虽然成绩不错，但身体尤其是心理健康并没有跟上。许多家长或许许久都不联系自家的孩子，等到好不容易有机会联系，也只是问一些钱够不够、吃得好不好、学习怎么样之类的问题，没有关注孩子的心理健康状况，从而导致孩子与父母之间的沟通交流逐渐变少。家长是孩子最好的老师，这句话不仅仅适用于未成年学生的家长。孩子成年之后，也要保持与孩子的沟通交流，及时探知他们的身体、心理状况，引导孩子在大学校园中积极健康地成长、交往与适应。

许多学生上大学时是第一次离开家、离开父母，去往一个自己不熟悉的地方学习、生活。这时，家长对孩子最多的话就是：别舍不得吃、舍不得花钱，要好好学习……却忽视了对孩子心理上的关心与呵护。毫无疑问，父母对学生的影响是非常持久并占比很大的，因此在大学阶段，家长也需要配合教师一起提升学生的综合能力，不断更新教育理念，不断充实自己，在关注物质供给的同时将孩子的心理健康放在重要位置。

（三）学校要强化心理危机应对指导

1.优化大学生心理健康教育

宣传普及心理健康知识，引导大学生认识心理健康在成长成才中的重要作用是现阶段优化大学生心理健康教育的主要任务。学校要帮助大学生培养良好的心理品质以及自尊、自爱、自律、自强的优秀品质，并不断开发大学生的心理潜能，培养大学生的创新精神。优化大学生的心理健康教育，要善于分析大学生一系列的心理现象，帮助大学生剖析心理问题产生的原因，引导学生用正确、科学的态度对待自己的心理问题。学校还要将心理调适方法尽心尽力地传授给学生，帮助每一个大学生增强抵抗心理危机、承受挫折的能力。

2.引导大学生正确认识心理危机

（1）明确心理危机与心理问题、心理压力的区别

指导大学生应对心理危机的首要问题就是让大学生了解心理危机是什么，怎样判断自己是否存在心理危机以及怎样辨别心理问题、心理危机与心理压力。心理问题主要是个体或群体由于某件事出现了诸如紧张焦虑、担心恐惧、人格障碍与心理变态等消极情绪与现象；心理危机是指个体的精神高度紧张、产生心理失衡的状态。个体心理不健康的程度决定了不良情绪与不合理思维方式的出现频

率，而心理危机表达的则是个体的心理失衡程度，是一种紧张、失衡的状态。个体可以通过自我调节应对一般的心理问题，但心理危机若也想通过自身调节是非常困难的。心理问题作为心理危机产生的诱因，通常也会在心理危机被干预后留存在个体的潜意识中。

压力这种认知和行为体验过程由压力源与压力反应组成，这是心理学的观点。压力与心理危机的不同点在于，压力是一种心理体验过程，心理危机则是心理上的紧张与失衡状态。由于个体存在差异，其对压力的体验程度也不同，个体对心理危机的应对能力较差，在产生心理危机时，个体的精神与心理处于高度紧张的状态，范围较心理压力来说狭窄。压力可以通过自身的努力来应对、控制，但心理危机并不能通过自身努力加以控制，个体在产生心理压力时若克服不了，并不会出现特别严重的后果；但心理危机若没有被及时干预、治疗，则会对个体甚至家庭造成毁灭性的打击。

（2）改变大学生的认知方式

个体在自我成长的过程中已经形成了对自身以及周围环境的认识。大学生在应对心理危机时，其对应激事件的认知与在事件中的主观感受是至关重要的因素。不同的个体对同一事件会产生不同的认知，认知不同，个体的心理反应也就理所当然地存在差异。在解决大学生不同的心理危机问题时，不同的心理反应会对其产生不同的影响。看一件事是否能构成压力事件、一个问题是否会转化为心理问题、压力与心理问题是否会产生心理危机，这是由大学生的认知水平决定的。为准确看到事件的本质，以此来合理应对，就必须对压力事件使用正确、科学、合理的方式解决。如果一个人存在认知方面的问题，在面对任何事件都会有极度悲观的情绪，那么就意味着这个人出现心理危机的概率要远远大于他人。

因此，培养大学生正确的认知观念对于心理危机的应对是非常必要的，这样才能引导大学生积极看待生活与周遭事物。在培养大学生的认知观念时，可以利用马克思主义哲学中的辩证统一观点，为大学生的全面发展打下基础。例如，在学生面对巨大的学业压力时，要积极开导学生，向其灌输"人外有人，天外有天"的思想观念，让学生明白不要与他人攀比，而是应该专注自己，既然无法做到让所有人都满意，那就做好自己。在学生面临毕业、走向社会开启就业竞争模式时，教师要努力将学生的思想观念从"先择业"转移到"先就业"上来，在社会大环境并不明朗的时代背景下，先"拥有一份工作"比"拥有一份好工作"更加重要。在遇到情感问题时，要鼓励学生与对方加强沟通，但也不必强求；也可以教导学生用"塞翁失马，焉知非福"等思想来安慰提醒自己。年轻人除了爱情也应把注意力转移到关注内心成长、学业事业上。当你更优秀，自然会有更好情感出现。

3. 帮助大学生合理选择应对心理危机的方式

（1）理论方面，传授大学生合理应对心理危机的技巧

将心理危机教育引入课堂是目前高校急需完成的任务之一。对学生进行心理危机教育可以通过必修课和选修课两种形式进行，在心理危机教育必修课上，可以为学生讲解心理危机全面、系统的知识；在心理危机教育选修课上，可以为对心理危机教育有需求或感兴趣的学生讲述一些心理知识。

心理教师在心理危机教育中可以向学生传授应对心理危机的方法、讲授相关知识，如弗洛伊德的意识理论、罗杰斯的人本主义理论等；同时还要给学生介绍解决心理问题的方法，如行为疗法、认知疗法、森田疗法、萨提亚疗法等。行为疗法主要指的是强化合理的行为，改变不合理的行为，肯定大学生正确、积极的心理危机应对方式，否定大学生错误的、消极的心理危机应对方式，并予以惩戒。认知疗法主要指的是使大学生正确看待心理危机事件，改变对于心理危机的认知，提高应对压力事件的能力，训练大学生的压力感知倾向，以减少大学生学习、生活中的心理危机，同时学会正确地处理心理危机。森田疗法主张"顺其自然，为所当为"，就是说在心理危机已经成为既定事实的基础上，没有必要再去追究是如何形成与发展的，需要将注意力放在解决心理危机上，凡事不能瞻前顾后，需要向前看。萨提亚疗法推崇的是家庭在解决问题过程中的作用，这是因为大学生在成长过程中的处事方式与解决问题的方法受到家庭的影响，这就为心理危机的解决提出了新的途径。

（2）实践方面，开展形式多样的应对心理危机的活动

全社会要参与到"大学生心理危机应对指导活动"中，对该活动给予全方位的支持。学生在高校生涯接触最多的环境就是学校，因此，校园也是学生心理危机频发的主要地点。针对这一点，需要开展一系列系统的大学生心理危机应对指导活动。

高校需要对不同年级、性格、专业的学生进行针对性的心理危机指导教育。举个例子，大一新生刚进入大学，学生在高中时期的一些行为习惯还未改变，因此适合采用以适应教育为主的方式，主要包含心理健康教育、全人教育与生涯辅导教育。首先是心理健康教育，高校需要对大一新生进行心理测试与心理健康调查，以掌握大学生的心理健康状态。对于一些心理健康状态较差的学生需要将

实际情况反馈给管理人员，并且还要进行行为预案，以期可以及时做出反应。向大一学生传授系统的心理学知识，使其了解心理疾病的相关知识，同时学会调控心理，以解决一些学习、生活中遇到的简单问题。其次是全人育人。全人育人指的是知识、能力与素质三位一体的全面发展的人的教育，即通过发挥大学生的自主性与能动性，在合适的学习背景下，全面丰富大学生的知识，提升大学生的能力，培养大学生的素质，实现培育全面发展的人才。所以，高校需要通过课堂教学、素质教育活动、第二课堂活动、社会实践等形式来推动全人育人，使大学生在活动中形成正确的价值观，从而更好地应对心理危机。最后是大学生生涯辅导教育。在大一新生入学后，就要为其灌输生涯规划的意识，做好学习规划可以提升竞争力和沟通能力，使其具有解决问题的正确思路。要将生涯辅导贯穿在大学教育中，这是一项复杂的、系统的、长期的工作，需要从大一新生开始抓起，逐步建立大学生涯各阶段的系统规划，这样可以使大学生到毕业时形成自己的明确就业目标、择业方向和专业素质。

  对于大四快要毕业的学生而言，他们迫切的要求是就业，此时就业指导十分关键。因此，需要对大四学生进行就业指导教育、挫折教育、择业观教育。首先是就业指导教育，需要从大一开始就对其进行就业指导，使其对自身的学习生涯与职业规划有一个正确的认识，可以合理地安排大学生活。同时也要使大四学生找准职业定位，树立正确的就业观，在面对激烈的就业竞争时保持一颗平稳的心。同时，学校还要开设创业课程、组织创业比赛来为志在创业的学生提供帮助，拓宽学生的发展渠道、减轻学生的就业压力。其次是挫折教育。人生在世，难免会遇到挫折，挫折的影响并不都是负面的，其可以提升学生遇到困难时克服情绪低落、意志消沉的能力。大学生在大学之前的生活中有父母和教师保驾护航，大部分学生的成长都是一帆风顺的；而挫折教育可以帮助抑制遭受挫折后的消极情绪，从而提升抗击打能力、培育健康心理。学习和锻炼是获得抗挫折能力的重要途径。挫折是不可避免的，只有找到根源所在，以此为依据选择合理的解决办法，才能使挫折转化为动力。学校要引导学生有意识地接受与容忍各种各样的挫折，可以举办一些耐力比赛，不仅可以丰富学生的生活，还能够增强学生的抗挫折能力与意志力。最后是择业观教育，要让学生认识到社会对人才的需求及需求的类型，结合对毕业生择业的方针、政策和具体实施办法的介绍，引领大学生在择业时将个人前途与祖国发展联系在一起，将人民的利益放在首位，主动适应国家和社会的需要，发挥艰苦奋斗的优良作风，以迎接新的生活与工作。

另外，举办讲座与沙龙等形式也有助于大学生全面地了解心理危机的相关知识；开放心理咨询室，通过专业指导人员来解决大学生心理危机；编写、印刷心理危机应对知识手册，使大学生认识心理危机的特点与应对心理危机的合理方法；通过团体心理辅导、现场实践与模拟训练来分析学生在心理危机中出现的问题，从而针对性地提升大学生的各项能力。除此之外，社会上的一些组织，如社会工作服务社与心理咨询中心也要积极吸纳大学生志愿者，为大学生心理危机的应对指导献力献策，使他们在帮助他人时也达到"自助"的效果。

（四）建设高素质高校心理危机干预队伍

现阶段大学生心理危机问题日益严重，不仅危及到个人与学校，同时也对社会造成了一定的危害。因此，要重视对大学生的心理危机干预，这就需要建立起一支专业性强、素质高的队伍。

1. 加强心理危机干预培训

高校心理危机干预队伍需要具备大量的专业知识与心理咨询、心理问题解决的技巧和方法。为了提升队伍的能力，需要对队伍中的教师进行定期的培训。

有条件的学校可以聘请心理咨询专家在春秋两季进行培训，使学校的心理危机干预人员学习相关知识；还可以公费派心理危机干预人员外出学习，学成归来后对本校人员进行统一培训。在经过系统、全面的知识学习后，学校的心理危机干预人员的综合素质会得到提升。针对心理危机干预人员的培训不但可以提升其工作能力，还可以提升他们对于学生心理咨询服务的水平，以应对无处不在的心理危机。

2. 加强大学生朋辈辅导员培训建设

现阶段心理危机干预队伍存在的一个问题是从业人员的素质千差万别，有着不同层级的工作人员从事着这项工作，他们的职位不同、综合素质不同、专业知识的掌握程度也不同。所以要因材施教，对于情况不同的心理危机干预人员选取不同的培训方式，尤其是要加强对大学生辅导员的培训。

对于班级心理委员需要采取的是教育培训的方式，具体途径可以是学校开展相关课程，让心理危机干预队伍成员学习相关知识，从而更好地应用到干预工作中；还可以参加相关讲座，在讲座上不仅可以学习心理危机干预知识，还可以结交更多同伴，从而扩大心理危机寻找范围，以锻炼和提升自身的能力；还可以参加与心理危机相关的知识竞赛，在提升自己的基础上也使更多的人了解心理危机及预防方式；最后还能够利用互联网来进行远程培训。

第一章 当代大学生心理状况

高校要对心理危机干预的相关教师、咨询室工作人员与辅导员进行专业化训练，使其增加心理危机干预实践的机会。学校可以为本校存在心理危机的学生提供帮助，可以组织心理危机干预队伍现场观摩心理咨询机构的心理危机干预过程，可以组织队伍对在社会上的一些重大事件中遭受创伤的人们进行心理指导。结合理论与实践，提升高校大学生心理危机干预队伍的能力。

心理危机干预是一项专业性的心理辅导工作，其对于知识与能力有着极高的要求。高校要从如下两个方面来加强对于心理危机干预队伍的培养。

第一，加强对心理危机知识的培训。要对队伍人员灌输与讲解一些理论性的知识，如心理学、心理危机干预、心理健康教育等知识。这样可以夯实从业人员的心理知识基础，使其具备较好的心理学素养，从而更好地解决心理危机。

第二，加强对心理危机技巧的培训。学校要开设心理测验、心理咨询、心理实验与心理治疗等课程，使从业人员掌握心理测量仪器的使用方法与测量结果的分析方法，更好地进行心理危机的预防与解决。在这些课程上讲授尊重、关注、倾听、自我流露的相关技巧，便于从业人员与学生进行沟通。为了鉴别和诊断心理危机，可以通过学习心理危机的症状与诊断的级别程度来判断。

3.提高教师心理危机识别能力

从业队伍人员要提升辨别危机的能力，一般来说，在了解学生心理现状后可以分析学生可能出现的心理危机，并且可以及时地进行预防和干预。如果只是在学生出现心理问题与心理危机后再采取行动，可能会产生不良的后果，因此需要从业人员常常关注学生的心理健康情况。通常来说，大一新生在入学后都会进行统一的心理测验，这可以作为大学生心理档案的一种。另外，学校还要定期对在校大学生进行心理健康检测，从业人员可以根据检测结果来判断大学生的心理现状，采取相应的措施进行危机教育。除此之外，高校设有心理咨询机构，这些机构也在定期地举办讲座或是活动来宣传心理学方面的知识，大学生能学习到关于心理危机的知识，也可以向专业人员咨询，专业人员就能在学生咨询的过程中发现心理危机的征兆，及时采取措施以避免危害的产生。

第二章 心理危机预防与干预理论

心理危机干预,简称危机干预,又称心理救助或心理援助。它作为一种专门的心理咨询与治疗技术,自20世纪后期以来,在西方发达国家发展得很快,极大地丰富和发展了心理咨询学的理论与实践。本章主要内容为心理危机预防与干预理论,分别从心理危机概述、心理危机预防与干预理论知识以及心理危机预防与干预的意义三个方面进行论述。

第一节 心理危机概述

一、心理危机综述

(一)心理危机的概念

心理危机是由美国心理学家卡普兰提出的。卡普兰指出,心理危机指的是个体遇到重大事件或者突发事件时表现出来的一种心理方面失去平衡的危机状态,突发事件包括生老病死、天灾人祸等。卡普兰认为个体会维持一个与环境协调统一的心理状态,在没有遇到重大事件或突发事件时会稳定保持下去;在遇到这些之后,个人与环境的协调统一状态会被打破,导致心理失衡,出现心理危机状态。此时如果个体不能重新建立个人与环境统一的心理状态,那么人的情绪可能出现较大的波动,更有甚者会有自杀或攻击他人的行为出现。

人在产生心理危机问题后,有可能会自我察觉到,也有可能察觉不到。但不管是哪一种情况,人在遇到危机之后都会出现身体和心理方面的一系列反应,其持续时间约为6～8周。学生在主观认知方面出现失衡的情况时,也就是说,学生认为运用个人资源和凭借自身能力不能有效解决难题时,这样的难题会导致他

第二章 心理危机预防与干预理论

们产生无助感和极大的困扰。在无法获得他人帮助或者个人无法调整时，会导致学生在情感认知以及行为举止等方面出现矛盾和失衡状态，甚至是选择自杀或伤害他人，最终酿成不良后果。

国外学者对于危机有多种定义。格拉斯指出危机是问题的困难度、重要性以及对其进行处理可以运用的资源存在不平衡情况。查普林认为危机是有重大心理影响的决定与事件。拉斯尼克与米歇尔则指出危机是情感紊乱的一种失衡状态，可能是情感方面的重大事件，这个事件有可能使人生向更好或更坏的方向发展。

通过对国外学者关于危机研究成果的分析，发现他们在危机认知方面经历了一个由浅入深、由表及里的不断深化的研究过程。虽然在分析危机的过程当中选择了差异化的切入点，但所有学者有着一个共同的认知点，那就是危机和挫折存在着密不可分的关系，危机所造成的是一种身心失衡的状态。

在心理危机引入我国后，有越来越多的学者开始研究"危机"这一概念。尤其是在 20 世纪 90 年代之后，研究人员开始重点研究心理危机领域，并且以心理危机为核心推进落实了相关研究，取得了一些显著的效果。学者胡泽卿等认为危机是一把双刃剑，它是由突发性的重大事件而导致的暂时性心理问题，一方面危机可能使人变得消极，另一方面可能使人向更成熟的方向发展。人们处于日常的身心与环境协调平衡的状态时，在出现应激后，平衡被打破，此时人们可能会出现极端情绪，甚至出现行为失控，人由此进入了危机期。学者蔡哲等认为危机是个体利用日常处理方法无法有效处理当前遇到的应激事件时产生的反应。

学者樊富珉认为危机的内涵有如下两种：一是突发事件，如战争、火灾、地震等；二是人处在紧急状态。学者徐岫茹认为个体面对危机这个重大问题时不但不可以有效回避，而且也不能运用一般解决方法予以解决，因而在心理方面出现不平衡的表现。学者史占彪等认为危机是个体或者群体不能够运用如今掌握的资源以及日常的问题处理方法处理事件与遭遇的一种表现。危机的出现与发展常常出乎人们的预料，如果不能有效解决危机，那么人在认知与行为等方面就会出现问题，造成社会的混乱。还有学者认为，心理危机是人在心理方面遇到十分严重的困难，当人承受不了突发事件带来的刺激时，就会处于失控与无法自拔的状态。传统的方法如果不能够有效解决突发的危机事件，个人内心就会处于失衡状态，进而造成极端性和灾难性的不良影响。

本书认为，心理危机主要有动态和静态两种类型。静态指出心理危机是一种心理状态，最为明显的表现就是人们利用常规解决方法不能够处理当前所面临的问题而出现的心理失衡状态，属于过渡性状态。人长期处在危机状态下是不可能的，这种心理危机状态的持续时间会因个体的差异而呈现很大的差别，时间较短的人仅会持续 24～36 小时，最长也不应该超出 4～6 周。心理危机的发生可能与突发性的重大事件有关，也可能与长时间承受极大的心理压力有关。在危机状态之下，人会出现一系列的消极反应，假如危机问题不能够得到有效解决，就会导致心理疾病以及其他过激行为的发生。动态指出心理危机是一种心理过程，表现为危机具有心理失衡性、资源匮乏性、认知滞后性等特点，指的是人在发展中的平衡状态被打破，但是新的平衡状态尚未建立或完成。心理危机的动态和静态可以相互转化，易出现危机的个体处在静态性危机时可能不会表现出来，在遇到巨大的应激事件之后，动态性的心理危机就产生了。所以，在静态危机情况下就要发挥心理危机预防机制的作用，在动态危机状态下则需要开启心理危机的干预方案。

（二）心理危机的特征

心理危机一般具有如下几种特征。

1. 事件突发性

不可控制性是危机的显著特征，这种出乎意料的事件常常让人猝不及防。当前社会对于大学生有了更高的要求，学生在面对这个竞争激烈的社会及家庭、学校的期望时会产生一种无形的压力，一些承受能力较差的学生在遇到针对性的事件后就会产生心理危机。这就是心理危机的事件突发性特征。

2. 体验痛苦性

体验痛苦性是心理危机的又一特征，这是因为危机一般会给人们带来苦难，有的甚至还会损害人们的尊严。

3. 缓解无助性

对于心理危机，人们一般会感到无所适从，它会破坏人的计划。一些人的自我调节能力差，再加上可能难以得到社会心理支持系统的帮助，导致人们产生无助感。

4. 后果危险性

心理危机具有后果危险性，这是由于危险伴随着危机，这种危险会影响大学生的学习和生活。当发生心理危机时，人的心理平衡状态会被打破，此时可能会有意志失控、思维不清、情绪紊乱、行为怪异现象的出现。

5. 作用双效性

任何事情都具有两面性，心理危机也不例外。一方面，心理危机有可能会对个人甚至社会产生不良影响；另一方面，心理危机可以使个体增加面对危机的经验，培养其面对挫折时的良好心态，以更好地面对危机与挫折。

面对心理危机时，决策者如果可以变消极为积极、变被动为主动，及时总结经验，就能发现危机中存在的转机，在处理完危机后向更好的方向发展。

6. 非医学性

心理危机具有非医学性。这意味着心理危机并不是一种疾病，而是一种生活经历。危机的发生意味着个体正在与之抗争，来追寻原来心理平衡的状态。虽然危机可能导致人的认知功能下降、情绪紊乱，但是这些改变只能当作疾病的可能诱因，不属于精神疾病的标准。因此要采取心理干预与心理咨询来帮助危机个体，以期实现事半功倍的效果。

7. 危机复杂性

心理危机具有危机复杂性。危机不遵循一般的规律，是难以把握的、没有规律的、复杂的。在危机出现后，危机干预者要对出现的危机问题进行全面干预。而处理危机的难度是由个体的环境决定的，个体在危机下的表现就像一张网，个体环境的所有方面都相互交织在一起。个体环境越复杂，那么处理危机的难度就越大。

8. 危机时间性

心理危机具有时间性。危机最多持续8周就会消失，危机个体在危机后期的主观不适感会相对减少。假如没有及时解决危机，那么危机个体可能会出现精神疾病，出现带有攻击性行为甚至自杀的现象；危机个体也有可能转化为慢性状态，即长时间反复性地出现一系列的危机点。

对各种危机来说，没有一种方法可以将危机全部快速地解决，即使是短期治疗，也不能解决长期性的问题。由于一些危机个体寻求解决问题的快速办法，他们常常采取服用药物这一方法，这是很多遭受到突发重大事件的危机个体存在的问题。服用药物不能从根源上解决问题，虽然其可以延缓个体极端行为的出现，对于造成危机的源头却无能为力，有时甚至会加深危机在个体身上的表现。

9. 危机普遍性

心理危机具有普遍性。无论个体的心理承受能力有多强，是否做过心理危机的预防，在一定条件下，没有人可以完全避免心理危机的出现。当个体面对情况较为严重的危机时，失衡、迷惑、解体与应对机制的损坏都是难以避免的。

（三）心理危机的分类

对心理危机种类的划分有很多不同的标准，不同学者选用的分类角度也不相同。著名心理学家布拉姆结合应用危机理论将危机划分成以下三种类型。

1. 发展性危机

个体在正常的成长发展过程中，有时候会因为某些巨大变化或转折而使其产生一些异常的反应，在这种情况下个体就会遇到一些关于成长或发展的危机，即发展性危机。具体来讲，个体的不同生理阶段如新生儿诞生、大学生就业、老年人退休等都属于生活结构发生巨大变化，打破了原来的生活方式，均可能对个体造成发展性危机问题。在人们的意识中，普遍认为发展性危机是个体成长发展过程中所不可避免的，是正常的现象。但是实际上发展性危机具有自身独特的性质，因此在对发展性危机进行处理的时候，需要运用独特的方法对其进行准确的评估和妥善的处理。

2. 境遇性危机

每个人在生活成长过程中都会遇到一些无法预测的危机，我们称其为境遇性危机。一般情况下，这种危机是比较罕见的，属于超常事件，像交通事故、绑架、突发疾病等都属于人们日常生活中可能遇到的境遇性危机。这类危机具有鲜明的特点，即突发性、不可预测性、灾难性、随机性等。举个例子来说，"9·11"事件属于境遇性危机。

3. 存在性危机

存在性危机是一种关乎人生的问题，是指有关人的责任、独立、自由与承诺等产生的内部的冲突或者焦虑。存在性危机的出现可以以现实为基础，也可以以有关人生价值的追问和思考为基础。大学生在进入大学后可能会产生一种困惑感，这是因为大学生在中学阶段学习的动力来自考大学，而当他们实现进入大学这个目标后，就可能会短期内出现没有目标的困惑感。另外，在进入大学后，由于手机、网络的便利，部分大学生会沉迷于网络，而实际上他们也知道沉迷网络是不对的，既浪费生命又浪费时间，根本毫无价值。但是他们摆脱不了这种迷恋，因此在内心深处会产生自责和焦虑。有的人甚至开始考虑人生的价值以及人活着的意义等问题，这些都是潜在的存在性危机。

在人一生的发展过程中，以上提到的三种危机均有可能出现。不过结合过去的干预经验可知，大学生群体人生中经历的大多属于发展性危机，比如由失恋、学业、就业等问题导致的危机。

鲍尔温提出了有助于评估治疗危机的分类体系，划分的心理病态程度从弱到强包括以下几个类型。

①倾向性危机：这种危机是外界因素导致的急性发作的短暂性痛苦，如考试失败之后的心理表现。

②过渡性危机：这种危机是预期生活改变导致的，如初入大学适应阶段的危机、毕业之后初入职场面对的适应性危机。

③创伤性危机：这种危机是由突发的、超出预料的事件导致的，如亲人突逝、恋人离去等。

④发展性危机：这种危机是在个人成长发育进程中出现的危机类型，如人际关系不良、恋爱困扰等。

⑤精神病理性危机：这种危机是由内在精神病理机制导致的，如精神病患者在病态思维之下产生的自杀、自残等问题。

⑥精神科急症：这种危机是由精神疾病导致的，如在精神病状态下做出伤害他人的行为。

一个人出现的心理危机既带有阶段性特征又带有连续性特征，既带有普遍性特征又具有个别性特征，而且在面对危机时，每个人选取的应对方法是不同的。所以本书根据其特点，将危机划分成发展性、境遇性、存在性三种类型。

（四）心理危机的评估

1.心理危机的表现

说起危机，其普遍存在突发性、严重性、危急性等特点。另外，危机还会导致人的正常生活秩序被打乱，因此当危机发生的时候，个体无论是在生理上还是在心理上都会产生一定的不良反应，而我们正是通过这些不良反应对个体是否处于危机之中进行判断。一般来说，常见的心理危机的表现包括以下几方面。

（1）躯体表现

当个体出现肌肉紧张、头痛、心痛、睡眠紊乱、无食欲、消化不良等反应时，就可以判定其处在心理危机之中。

（2）情绪反应

当观察个体的情绪反应的时候，发现其存在极度的焦虑、情绪紧张、抑郁、情绪低落、淡漠、沮丧、空虚等状况，并且有时伴随恐惧、愤怒、烦恼、羞惭等表现时，就可以判定该个体处于心理危机之中。

（3）认知失调

当个体不能集中注意力进行思考、推理和判断问题，并且反应变慢、记忆和知觉改变，对事物的异同无法进行区分，解决问题的能力受到影响时，就可以判定该个体处于心理危机之中。

（4）行为改变

有时候，某个人会突然表现为社会退缩、回避他人、失去之前的兴趣爱好，并且用特殊的方式帮助自己摆脱孤单；另外，在工作、劳动、学习的时候不能专心；与社会的联系被破坏，甚至对自己或周围的人、事、物产生破坏行为；当有人为其提供帮助的时候，表现为逃避现实、拒绝接受帮助；在行为方面不仅出现思想和行为不一致的情况，还会出现一些过去没有的反常行为。这些表现也说明个体处在心理危机之中。

2. 心理危机的评估方法

危机评估，就是对当事人的心理进行评估，首先是评估当事人否处于危机中。如果处于心理危机中，则还需要评估当事人心理危机的严重程度、反应模式等，除此之外，还要评估当事人是否有社会支持等资源。值得注意的是，当确定当事人处于心理危机中后，对的危机评估要贯穿整个干预过程的始末。关于心理危机的评估方法，目前常用的有个案法、观察法、会谈法和心理测验法等。

（1）个案法

个案法是指依靠搜集心理危机个体的有关个案资料，对资料进行综合的系统分析，并对个体心理危机的具体表现和产生的心理病理机制进行分析，从而对心理危机做出评估的过程。个案法要求广泛、详尽地搜集资料，资料内容涉及身份资料、个人历史、人际关系、兴趣爱好和人格特征等，资料搜集对象可细至个体的作业、日记、书信、绘画等。个案法通常采用纵向分析和横向分析两种方法。

（2）观察法

观察法是指在相对自然的条件下观察心理危机者的外显心理行为表现，比如言语、表情、姿态、动作和睡眠等。根据所观察的结果，可以了解心理危机者的心理活动规律和心理健康状况，对心理危机做出评定。按照观察的时间选择不同可以将观察分为长期观察和定期观察，按照观察对象的性质不同可以将观察分为一般观察和重点观察。重点观察内容通常细至动作姿态、智力活动和睡眠状况等。

（3）会谈法

会谈法是指危机干预工作者通过与心理危机者或有关人员，如家长、教师、邻居等进行详细的、有目的的会谈，并结合观察、测验和个案方法来充分了解心理危机者的危机产生的内外因素、背景、性质和状况等，从而对危机的类型和性质做出诊断。

（4）心理测验法

心理测验法是指运用有关的心理测试工具来获取心理危机者的智力水平、行为倾向、态度情感、一般心理机能和人格特征等方面的信息，并根据测量的结果分析评定心理危机。用于测验的有气质量表、人格投射测验等标准化测验，还可利用皮肤电位仪等进行心理生理评估，比如监控慢性疼痛所引起的肌肉紧张。另外，还有临床评定所需要的自陈式的焦虑量表、抑郁量表等。

二、心理危机的发展过程

（一）冲击期

产生在危机发生后很短的一段时间内或是危机发生之时，会出现恐惧、吃惊、茫然、不知所措的情绪状态。

（二）防御期

想要让个人心理达到平衡状态，调控失衡的情绪，恢复受到损害的认知，但是不知道怎样做，会产生否认和合理化的表现。

（三）解决期

有效运用多元化方法接受现实情况，查找多方资源，想方设法地解决问题。焦虑、抑郁程度明显减轻，信心增加，社会功能水平提升。

（四）成长期

历经危机之后朝着更为成熟的方向发展，并从中得到了解决危机问题的方法与技巧。但是也有一部分人因为选用的方法非常消极、不理性而产生了不良的心理健康问题与行为。

此外，卡普兰在危机理论中把危机形成与发展变化的过程划分成以下四个重要阶段。

1. 第一阶段：警觉阶段

创伤性应激事件让人的情绪状态受到极大程度的影响，甚至对实际生活带来不良影响，所以可以运用经常使用的应对方法来抵抗应激刺激以及不适感，尝试着恢复心理平衡状态。在个人感知到生活产生突然性变化或即将产生大的变化时，内心维持的基本平衡状态变得不平衡，体现为警觉性提高并且有紧张感。为了获得新平衡，这个人习惯运用以往在面对压力时的方法进行解决。处在这个阶段的人通常不会求助他人，有时甚至厌恶他人在个人处理问题时给予干预。

2. 第二阶段：功能恶化阶段

在有了上个阶段的一系列尝试并付出一定努力之后，当事人会了解到习惯性的解决方法没有产生好的效果，经常运用的解决策略无法让当前问题得到解决，仍旧存在着创伤性应激反应，而且焦虑程度也逐步上升。为找寻到全新的解决策略，当事人开始尝试运用错误的方法解决问题。这个时期当事人逐步产生了向他人求助的动机，不过此时选取的求助行为只是尝试错误的一个方法。此处要强调的是，高度紧张的情绪状态会影响人的正常冷静思考，也会影响行动的有效性。

3. 第三阶段：求助阶段

假如在尝试错误方法之后仍然没有解决实际问题，当事人的情绪状态以及行为表现会逐步加大内心的紧张度，开始找寻其他方法尝试解决问题，以减少危机与不良情绪的消极影响。其中也涵盖社会支持与危机干预。在这个时期当事人的求助动机是非常强的，往往会不顾一切地发出求助信号，甚至会试着用自己过去觉得非常荒唐的方法求助，比如从来不迷信的人选择了占卜的方法。

需要特别注意的一点是，在这个阶段当事人会运用一些超乎寻常的无效方法宣泄情绪，比如酗酒、不规律的作息等。这样的行为举止不仅不能帮助他们解决问题，反而会损害他们的身心健康，增加紧张与挫折感。

4. 第四阶段：危机阶段

假如当事人在经历前面的三个阶段之后仍然没有解决问题，就容易出现习惯性无助的情况。当事人会对自己失去信心和希望，甚至是怀疑自己的生命的意义。不少人就是在这个时期运用不合理的心理防御方法，让问题长时间无法得到妥善解决。极大的心理压力有可能触发没有完全解决的、曾经被掩盖的内心冲突，一部分人会出现精神崩溃与人格解体的不良后果。在这个时期当事人需要得到外源性帮助，以便更为有效地渡过这次危机。

第二节 心理危机预防与干预概述

一、心理危机预防与干预的概念和目标

（一）心理危机预防概念

预防思想早已成为公共卫生领域最核心的指导原则，这一原则的基本思想是：从长远看，预防疾病要比疾病或问题发生后再进行个体治疗疗效更佳。当前一种新的危机干预模式已经在危机干预领域发展起来，这种危机干预模式之所以能够不断发展壮大，是因为其具有鲜明的特性，是一种积极的、预防性的危机干预，并且这种危机干预模式已经逐步成为心理危机干预的发展趋势。这种模式认为，对危机进行早期干预是更有益的。它提倡这样一种策略：不仅要普遍认识到危机干预是有效的，还要认识到心理危机也是可以预防的。心理危机预防与防护是心理危机干预理论的应有之义。

我国较早提出心理预防与防护理念的是解放军第三军医大学成都军医学院的刘隆祺教授。20世纪90年代末，他在研究高技术局部战争条件下出现的心理战这一新的作战样式时指出，心理战是心理进攻与心理防护这两个方面的统一体。他认为心理防护是相对于心理进攻的一个概念。所谓心理防护，是指主动采用政治、军事、医疗卫生以及教育、训练、管理、辅导等多种方法和手段，提高我方军人的整体心理素质，增强其战场适应能力，以有效抵御敌方心理进攻的各种活动的总称。

根据防护、心理防护和心理危机的概念，我们可以给心理危机预防做如下定义：所谓心理危机预防，是指一种早期的、积极的心理危机干预，它以一般正常人和轻度心理失调者为对象，运用心理学的理论和方法，以危机预防和危机早期干预为目标，维护和促进个人与社会心理健康的一系列活动。

心理危机预防是对危机的及早预防与早期干预，是一种早期的、普适性的干预。正因如此，本书特别提出心理预防的概念，旨在强调对心理危机早期干预的重视，主张在心理危机处理上要做到以防为主、防护结合。

（二）危机干预概念

说起危机干预，它还有另外的名字，即危机介入、危机管理、危机调节。林传鼎主编的《心理学词典》把心理危机干预定义为社区精神卫生的具体措施之一，以简短的急诊或访问形式改善可能导致心理障碍的各种条件。主要目的是改变现实环境，但也关注人际关系和当事人内心的各种情感因素。其他辅助治疗方法，如家庭、个人、小组心理治疗以及药物等都可在短时间内采用。

危机干预的概念最初来源于美国精神科医师林德曼和美国心理学家卡普兰的工作，指化解并告知如何应用较好的方法处理未来的应激事件。

日本学者稻村认为，危机干预是对面临着危机的人采取迅速而有效的对应措施，使其能够在避开危机的同时，进一步适应那种危机所运用的治疗方法。

著名危机干预工作者希普尔认为，危机干预是给处于危机中的个人或家庭提供有效帮助和支持的一种技术，通过调动他们自身的潜能来重新建立和恢复其危机前的心理平衡状态。简言之，就是及时帮助处于危机中的人们恢复心理平衡状态。

我国学者季建林认为，从心理学的角度来看，危机干预是一种通过调动处于危机之中个体的自身潜能，来重新建立或恢复危机爆发前的心理平衡状态的心理咨询和治疗技术。目前，危机干预已经成为临床心理服务的一个重要分支。

另外，也有学者认为危机干预就是对一些处于危机中的人提供及时的支持和帮助，这类人包括那些随时会经历个人危机、处于困境或遭受挫折以及即将发生心理危机的人。危机干预的目的是，在对这类人进行干预之后，可以使其心理恢复平衡，并且达到危机前行为水平。由此看来，危机干预是一个对处于危机中的人群进行的一个短期治疗过程。

（三）危机干预的目标

阿格勒瑞等人认为危机干预的最低治疗目标是在心理上帮助当事人解决危机，使其功能恢复到危机前的水平；最高目标是提高当事人的心理平衡水平，使其高于危机前的平衡状态。

我国学者樊富珉认为，心理危机干预的目标有二：一是避免自伤或伤及他人，二是恢复心理平衡与动力。危机成功解决有三重意义：个体可从中实现对现状的把握，重新认识经历的危机事件，以及学到对未来可能遇到的危机有更好的应付策略与手段。

第二章　心理危机预防与干预理论

事实上，危机干预的目标主要是帮助处于危机中的当事人克服当前的危机、恢复心理平衡，从而使其重新面对生活。因此对于危机干预的目标的认识，还可以从三个层面进行：第一层面的目标是帮助当事人减轻情感压力，从而使其自伤或者伤人的危险性降低；第二层面的目标是使当事人的心理重新恢复平衡状态，避免其慢性适应性障碍情况的出现；第三层面的目标是提高当事人的危机应对能力，帮助当时人成长，使其更加成熟。

二、心理危机预防与干预的理论和模式

（一）心理危机预防与干预的理论流派

1.亚诺希克关于心理危机理论的概括

在西方流行着众多的心理危机干预理论，这些理论不仅包括危机现象方面的，还包括危机反应方面的。根据亚诺希克的理论，可以将这些理论概括为以下三类。

（1）基本危机理论

在基本危机理论看来，在创伤事件中人们所表现出的普遍反应是正常的，也是暂时的，这些反应可以通过短暂的危机干预技术得到消除。在创伤事件中，当事人可能会由于受到事件的刺激而出现认知、情绪、行为的短暂扭曲，因此在治疗过程中，要注意将治疗的关键放在帮助当事人认识和矫正创伤性事件引发的各种扭曲认知和行为上。

基本危机理论还认为，每个人在其一生中都会在某个时候遭受到心理创伤，但并不是所有的应激和创伤都会对人构成危机；相反，应激和创伤两者本身并不会构成危机，之所以人们在创伤后会产生心理危机，是因为个体在主观意识中认为创伤事件的发生威胁到其某些需要的满足，或者威胁到其安全，这个时候当事人才会产生应激状况。一旦当事人产生应激障碍，就会导致心理危机的产生。在基本危机理论看来，危机的是暂时的、不平衡的，也是促进个体成长的一个契机。值得注意的是，危机的解决有可能促进积极的、有建设性的成果产生，当然也有可能导致消极的、自我否定性的或功能失调的行为减少。

关于基本危机理论，学者们主要有以下几种观点。

①林德曼的观点。最早提出基本危机理论的是林德曼，是他在对丧失亲人所导致的悲哀性危机研究中提出的。他的这项研究为危机干预人员对危机的认识提供了一种新的理解，最具代表性的就是针对那些经过一系列诊断并没有发现器质

性病变但是又表现出一定症状的人,他的研究在提高危机干预人员对危机的处理水平上起到了重要作用。林德曼认为,悲哀的行为是正常的、暂时的,并非长期的行为,并且可以通过短期的危机干预技术进行治疗。而在治疗的时候不应把求助者所表现出的危机反应当作异常或病态行为进行治疗,而是应该将重点放在对悲哀反应的及时解决上。林德曼所说的"正常"的悲哀行为可总结为:总是会想起死去的亲人;认同于死去的亲人;表现出内疚或敌意;日常生活紊乱;出现某些躯体表现。

另外,林德曼在对危机(特别是对悲哀性危机)进行干预的时候,强调采用平衡/失衡模式。他还将这种模式分成了四个阶段,具体来讲,第一阶段是指紊乱的平衡;第二阶段是指在经过短期治疗后,对悲哀反应起到一定作用;第三阶段是指处在悲哀性危机中的当事人主动试图解决问题或者消除悲哀反应;第四阶段是使处于悲哀性危机的当事人恢复心理平衡状态。

②卡普兰的观点。林德曼主要关注的是悲哀性危机干预的即时解决,而卡普兰的关注范围更加广泛,已然扩展到整个创伤事件。在卡普兰看来,危机其实是一种由于生活目标的实现受到一些常规方法无法解决和去除的阻碍而产生的一种状态。这些阻碍的来源很广泛,可以是发展性的,也可以是境遇性的。

同林德曼一样,卡普兰在对危机进行干预的时候也是采用平衡/失衡模式。不同的是,林德曼将平衡/失衡模式有关概念和阶段的划分应用在悲哀性危机干预中,而卡普兰则将平衡/失衡模式有关概念和阶段的划分应用于所有的发展性和境遇性事件。不仅如此,卡普兰还将危机干预的对象扩展到会触发心理创伤的认知、情绪和行为上。

(2)扩展危机理论

事实上,基本危机理论存在一定的弊端,比如其研究完全以心理分析方法为基础,并没有充分考虑危机的社会、环境等因素,因此基本危机理论必然会在人们的不断研究中被淘汰。事实也是如此。随着危机干预理论的发展,以及学界对危机干预理论的不断深入研究,人们逐渐认识到,在进行危机干预研究的时候,仅仅依靠基本危机理论强调的心理分析,也就是将心理素质因素作为主要的甚至是唯一的因素是远远不够的。除了心理素质因素,还有发展、社会、环境等因素,都会对人产生影响。在发展、社会、环境等因素的共同作用下,任何人都有可能出现暂时的病例症状。鉴于此,更加强调危机事件的社会环境和情境因素的扩展危机理论就产生了。扩展危机理论与基本危机理论最大的不同就是:后者不看重处于危机中的个体的内部反应。

第二章 心理危机预防与干预理论

扩展危机理论主要由心理分析理论、系统理论、适应理论和人际关系理论四个理论成分构成。

①心理分析理论。心理分析理论实际上是基于这样一个观点提出的，即强调通过分析个体无意识的或者过去的情感经历中的心理成分，可以帮助理解为什么一个事件能够发展成为危机以及面对危机时所表现出来的不平衡状态。例如，关于为什么一个事件能够发展成为危机，心理分析理论假设在很大程度上是因为某些儿童童年经验中的固着（fixa-tion）；根据危机时所表现出来的不平衡状态，这个理论可以帮助求助者理解其某些行为的动力和原因。

②系统理论。系统理论的基本概念为"一个生态系统中所有的要素都相互关联，且在任何相互关联水平上的变化都会导致整个系统的改变"。心理危机干预的系统理论则主要关注人与人、人与事件之间的相互关系和相互影响，认为个体的情绪系统、沟通系统和需要满足系统是相互关联的，任何关联水平上的变化都会导致整个系统的变化并对个体产生作用。因此，从社会和环境的范畴理解危机，比仅仅从个体与危机的线性关系角度来理解危机更有意义。由此看来，系统理论并不是那么强调处于危机中的个体的内部反应。系统理论基于人际关系系统的思维方式，标志着心理危机干预传统理论的转向。

③适应理论。适应理论认为，适应不良行为、消极的思维方式和不健康的防御机制对个体的危机起维持作用。危机干预就是要将适应不良行为改变为适应性行为，从而使危机消除。

消除功能适应不良意味着将适应不良行为改变为适应性行为，促进积极的思想以及构筑防御机制以帮助求助者消除因危机导致的不平衡，并向积极的功能模式发展。在危机干预工作者的帮助下，求助者能够学会将旧的、懦弱的行为转变为新的、自强的行为。这样的新行为可以直接在危机条件下起作用，最后将促进危机的成功解决或强化解决危机的努力。

④人际关系理论。人际关系理论以科米尔等所谓的"增强自尊"的一系列维度为基础，如开放、诚信、共享、安全、无条件积极关注等，认为如果人们相信自己、相信别人，并且具有自我实现和战胜危机的信心，那么个体的危机就不会持续很长时间。如果个体将自我评价的权利交给别人，他们就会倾向于依赖他人才能获得信心。因此，个体的控制权的外失与他的危机持续时间一致。人际关系理论认为危机干预的最终目的是将自我评价的权利交回自己的手中，使个体获得对自己命运的控制权的同时，重新获得能力以采取行动应付危机。

（3）应用危机理论

应用危机理论将基本和扩展危机理论应用于实践，认为实施心理危机干预需要有一个灵活的态度。由于每一个个体和每一次危机都是不同的，所以危机干预者应该将每一个个体和每一个危机事件都看作是独特的。布拉默指出，应用危机理论包括三个方面：发展性危机；境遇性危机；存在性危机。

①发展性危机。发展性危机是指在正常成长和发展过程中，急剧的变化或转变所导致的异常反应。例如，小孩出生、大学毕业、中年生活改变等都可能导致发展性危机。发展性危机的存在是正常的，但是，每一个个体、每一个发展性危机都是独特的，因此，必须以独特的方式进行评价和处理。

②境遇性危机。当出现罕见或超常事件且个体无法预测和控制时产生的危机被称为境遇性危机。交通意外、失业、疾病和死亡等都可能导致境遇性危机。境遇性危机和其他危机的关键区别在于，它是随机的、突然的、震撼性的、强烈的和灾难性的。

③存在性危机。存在性危机是指伴随着重要的人生问题，如伴随人生目的、人生责任、独立性、自由和承诺等出现的内部冲突和焦虑。存在性危机可能是基于现实的，如某个个体从没做过有意义的事，或者从未对自己所从事的职业或自己所处的组织产生过独特的影响；也可能是基于后悔的，如某个个体从未孝敬过父母，而等到父母过世，却永远丧失了机会；还可能基于一种压倒一切的、持续的感觉，如某个个体觉得自己的生活是毫无意义的，自己的空虚生活永远无法以有意义的东西来填补。

2. 心理危机干预理论的新发展

（1）生态系统理论

1997年，美国著名危机干预专家吉利兰和詹姆斯在对危机干预理论进行发展总结之后，"生态系统理论"应运而生。他们认为，在生态系统理论的发展过程中，有三个因素的因素起了重要的作用，这三个方面分别是：电子媒介、系统之间的相互影响以及宏观系统的方法论。

①电子媒介的影响。随着电子媒介的发展，信息传播的覆盖范围越来越广，传播区域越来越大，使得一些灾难性和创伤性的事件能够轻易传到远离当事人的地区，很容易进入不相关个体的生活空间。这些灾难性和创伤性的事件很容易引起个体的注意，使这些个体觉得灾难和恐惧就在自己身边。由于电子媒介的发展，全球成了一个大的社区，每个个体都变成了这个社区的一个部分，因此，尽管悲剧或灾难发生在其他地区，但有关悲剧或灾难的报道随时提醒着全球社区的

第二章 心理危机预防与干预理论

每一个个体，下一次他或她就可能身临其境。这是电子媒介的发展对心理危机干预的消极影响。

电子媒介的发展对于危机干预也有积极的影响。现在人们能够非常准确地预测台风、地震等灾难并做好抗灾的准备。通过移动通信网络，人们能够获得各种各样的信息，这些信息会帮助人们迅速做出有效的反应，使人们能够控制或减少灾难对整个生态系统的影响。例如，在心理危机干预工作中，通过互联网，全球的心理危机干预工作者可以互相帮助，获得大量的信息和参考资料，为处理各种类型的危机提供最新的技术支持。

②系统之间存在相互影响的关系。由于系统具备整体性的特点，当生态系统中的某一个体受到危机影响时，系统中其他个体必然会受到牵连。印度洋曾爆发的巨大海啸仍刻在我们每个人的记忆之中，海啸所带来的痛苦仍然持续地影响着东南亚的每一个沿海国家。与此同时，地球上的其他国家难道就完全没有受到海啸的丝毫影响而安然无恙？毒品和暴力事件并非只存在于大城市之中，偏远城镇的居民们也难逃受其影响的命运。

③从宏观系统的角度进行分析。研究者们发现，由于危机干预是一种特殊的医疗技术，当心理危机介入的研究延伸至危机造成的即时后果时，若不能及时处理危机，不但会对求助者自身及其周围社会、经济、环境造成严重的损害，同时也会对个体所处的生态环境造成严重损害。所以，当前美国从学校、州里的有关机构到国家有关部门，都存在或者正在开发基于生态系统的心理危机的干预措施。

总而言之，生态系统危机干预理论认为，危机是在整个生态系统中发生的具有破坏性、灾难性、创伤性的事件，其具备对整个生态系统造成影响和改变的能力。所以生态系统理论认为，单纯地解决求助者本身的情绪问题是不足以达到预期效果的，有时甚至适得其反。由于灾难会对整个生态系统造成持续性的破坏，因此，要想恢复和维持整个生态系统的平衡，就必须有足够数量的、有经验的危机干预人员。

（2）危机干预的实践应用理论

实际操作中的危机介入实用理论提倡有意识地、系统地选择并将多种有效的理念与战略结合起来以协助求助者解决心理危机，吉利兰与詹姆斯将此理论称为"危机干涉"的折中学说。在危机干预实用理论中，几乎没有什么理论上的概念，而是多种实用方法的结合，可以明确危机介入所要做的工作。在危机干预的实用理论中，进行危机干预的任务包括：识别危机本身及其周边环境中的各种有效要素，并将其统一整合起来，以适应需要介入的危机；综合运用现有的各种与当前危机干预工作相关的理论、方法、评价标准和操作模式；不受任何理论的束缚，进行危机干预时要有一颗开放的心，采取多种方式和策略，并进行持续的试验，直到危机干预取得成功。

在危机干预实践应用理论中，有两个基本的假定：一是一切的人和危机都是独一无二的；二是一切的人和危机都是相似的。两个假定看起来互相矛盾，实则不然。不必多说的是，任何一个人和危机都是独一无二的，但是不同的人和危机中也会有相同的部分。例如，一对拥有五个孩子的父母失去了一个孩子，一对老年父母失去了唯一的孩子，这都是独特的不同的人和危机，但同时都是由相同的原因引起的，即亲人（孩子）的离世。应对这些危机的干预措施大致相同，但在具体实施时也会有所不同。

危机干预实践应用理论并不限于单一的理论模型，而是需要把不同的理论与方法有机地结合在一起，然后才能采取恰当的干预手段。换而言之，在现实中具体进行危机干预工作时，实践应用理论就是要做很多的准备工作，各种方法、策略都囊括其中，还要有各个行业的专家进行评估和指导。与此同时，危机干预实践应用理论也要求人们学会放弃那些自认为合适、实际效果却不尽如人意的方法、策略和理论。

（二）心理危机预防与干预的模式

1. 哀伤辅导模式

"哀伤辅导"这一概念是林德曼提出的现代危机干预学说的重要基础和依据。林德曼强调，在巨大的悲伤面前，一个人不应该沉浸在自己的痛苦之中，而应该去体验、感受、宣泄自己的情绪（或哭或嚎），不然就会有不好的结果。哀伤心理辅导包含以下环节：对亲人离世的悲痛，经历悲伤，接纳亲人离世的现实，并在失去亲人的情况下，对接下来的人生进行调节。哀伤心理辅导模式在当今世界上许多国家已经兴起，其对社会危机的干预效果也是有目共睹的。对经受重大损失的当事人进行适当的相关辅导，可以帮助他们找回自信，重新树立人生的目标。

2. 平衡模式

平衡模式指出，在危机中的人们往往会出现一种心理和情感上的双重不平衡状态，当事人本来拥有的处理机制与解决方式已无法适应当前现实的需求。所以，危机介入的重点应该是安抚处于危机中的当事人的情绪，让他们恢复到危机之前的平衡状态。平衡模式在很大程度上适用于危机的早期介入。在危机初期，当事人会处于极度迷茫、混乱、失控的状态，因此，危机初期的干预目的应该以稳定当事人的心理和情绪为重点，在当事人恢复到一定程度的稳定之前将保持这种策略。

3. 认知模式

认知模式指出，危机造成心理创伤的主要原因是危机中的人对危机事件和周围环境的看法存在偏差，而非事件本身或与之相关的事实。这一认知模式需要在危机干预人员的协助下，让处于危机中的当事人认识到自身所存在的非理性与自我否定因素，寻找并重新获取理性与自我肯定因素，以达到当事人可以控制危机的目的。在危机中，人们的危机意识基本稳定，并逐渐接近危机之前的心理平衡状态。经历心理危机后状态已基本稳定并接近原本心理状态的当事人适用认知模式。

4. 心理社会转变模式

心理社会转变模式指出，人既有自然属性，又有社会属性，这是受基因与社会环境的双重影响所导致的。所以，在研究危机时必须从当事人个体的内外两方面入手，不仅要考虑当事人的心理资源和应付能力，还应了解其同伴、家庭、职业、社区等方面的影响。进行危机干预是为了将当事人个体内部的应对方法与外部的社会支持、环境资源相结合，以提供更多的解决问题的机会，如此当事人才能够更轻松地解决心理危机。与认知模式类似，心理社会转变模式也适用处于相对稳定状态的当事人个体。

5. 支持和干预技术

在危机的各个阶段，其采用的各种支持和干预技术的侧重点也不尽相同。在危机发生的早期，当事人的情感波动幅度、紧张焦虑程度都比较大，这个阶段的心理支持技术主要是为了使当事人的情绪状况回到危机之前的水平。该阶段可以采用暗示、保证、疏泄、改变环境、药物镇静等方式，必要时可以考虑短期住院。在危机的后阶段，干预技术是主要采用的技术。危机干预的一个重要目的就是使当事人了解并习得如何处理困境和挫折，不仅能帮助他们渡过目前的危机，还能帮助他们日后进行调整。

在心理危机干预的过程中，危机干预人员的主要作用有：帮助当事人正面对待危机，正视一切存在可能性的应对方式，协助当事人得到所需要的信息和知识，给予当事人日常生活中尽可能多的帮助，帮助他们避免可能造成压力的应激性情境的出现，不要给予不适当的保证，鼓励他们接受帮助等。

6. 教育、支持和训练的社会资源工程模式

该模式建立在对某些处于危机中的社会群体的支持、帮助基础上，旨在最大限度地利用内部精神卫生资源，以便在人力资源有限的情况下对群体进行紧急干预，并为他们提供及时的危机干预服务，包括缓解情绪上的痛苦。该模式还包含了对诸如神职人员和警官等人员的培训等。

三、危机预防与干预的历史沿革

（一）国外心理危机干预的发展

从民间组织的自发行为到由政府资助的专门职业，国外的危机干预已经有40年的发展历史。西方国家最早的危机干预机构都是民间组织，危机干预都是非正规、非职业化和非政府资助的，由志愿者来完成的人类服务工作。这些志愿者大都是以前的受害者或目前的受害者及其亲属、朋友。最初的危机干预机构一般是为了应付某一种危机，通过私人捐款而建立的。例如，最早的危机干预机构"反对酒后驾车母亲组织"的目的就在于减少因醉酒驾驶而致死的年轻人；美国退伍军人的自发组织是为了降低越战退伍军人中出现创伤后应激障碍的发生率；消灭艾滋病委员会旨在防止艾滋病传播、提高HIV感染者的生活质量等。世界上最早的"希望＝生命线"心理疏导热线始于20世纪60年代美国的洛杉矶。

随着危机干预效果的日益突出、求助群体的扩大，西方国家开始高度关注并积极介入，使得危机干预越来越制度化、专业化。自20世纪70年代起，美国大大小小的危机处理机构数以百计，如国家危机处理小组、联邦紧急救援机构、校园咨询者协会、打击街头精神病患者犯罪的CTI项目机构、家庭问题FIC项目机构、社区危机干预联盟等。如今，世界上很多国家都已经建立起预警、教育、现场干预等"危机干预和管理系统"。在灾害发生的时候，医务人员和心理援助人员会在第一时间赶到现场，在身体治疗的同时进行心理疏导。比如，在美国"9·11"事件之后，许多心理咨询师、心理医生和临床心理医生都来到了现场，在没有办法挽回已经逝去的死者的情况下，他们要做的就是尽量减轻受害者和死者家属的心理创伤。而在西班牙马德里"3·11"列车爆炸事件之后，政府为每位受害者的家庭提供了一名免费的心理医生，并提供了政府的资助。

相较于东方，西方普遍更重视心理危机干预，人们对危机干预越来越重视，危机干预也逐渐发展成为一个强有力的、新兴的、成熟的心理咨询学科的分支领域，并逐渐成为人们的重要工作之一。世界卫生组织（WHO）提供给日本阪神

大地震、美国"9·11"等灾难事件中受害者以心理及社会支援,这是国际开展的一项重要危机干预活动。

(二)我国心理危机干预的发展

20世纪90年代,我国的心理危机干预才刚刚起步。中国首次有记录的精神危机干预是在1994年新疆克拉玛依大火后进行的,北大精神卫生研究院的专家对伤亡家庭进行了两个月的心理辅导和干预工作。在2002年大连"5·7"飞机失事事件发生后,北大精神卫生研究院的专家也对部分受害者的家庭进行了心理危机干预。专家离开大连的时候,很多经历了这次危机的受害者的家人都已经恢复了冷静,但是很多家庭还是不愿意接受现实。2004年浙江饱受台风"云娜"的摧残,杭州市心理危机干预中心的心理医师连夜赶往受灾地区,历时11天,对400多名受灾群众进行了救助。经过一个月的回访,那些被干预者的精神状况明显好于未被干预者。"云娜"夺走了一名少年的4位亲人,少年在得到了心理干预和治疗之后迅速摆脱了伤痛,投身于灾难恢复重建工作。2004年12月30日,中国心理卫生协会常务理事、浙江省心理卫生协会理事长、中国疾病预防控制中心精神卫生中心执委会执委赵国秋组织9名具有博士、硕士学位的心理医生,对杭州东南亚海啸中幸存的数十名旅客进行了心理危机干预。在一周的心理危机干预后,数十位经历过印度洋海啸的浙江游客就从灾难的阴影中走了出来。

心理危机干预虽然在我国已有一些成功的个案,但总的来说,我国的危机干预工作还处于起步阶段,没有引起各方面的足够关注。2004年5月,我国第一个由政府创办的心理危机干预中心正式于杭州成立。同年12月,深圳市心理危机干预中心在深圳市康宁医院挂牌成立,该中心同时开通了24小时咨询热线。这是广东省第一家设立在心理专科医院的从事心理危机干预救援和科学研究的机构。随后,全国各地又陆续成立了一些危机干预机构。目前,我国心理危机干预工作的特点主要体现为服务范围很小、侧重于对灾后危机的干预和自杀危机的干预。

目前,人们对心理危机的认识与以前相比已不可同日而语,心理危机干预已经成为整个社会关注的焦点。设立各类官方、民间心理危机干预机构,使其能够在突发公共危机事件后及时介入并对受害者进行心理疏导和干预,已逐渐成为中国心理学界和社会学者研究的热点。同时,有关部门的设立、专业技术人员的培训也被提上了政府和有关部门的工作日程。

四、心理危机干预的原则

1. 坚持以人为本

以人为本，即在处理突发事件时要懂得尊重生命，坚持生命至上的思想，把生命安全放在首位；不管事态多么复杂和瞬息万变，都要紧紧抓住"以人为本""生命第一"的方针，把保护人民生命安全、抢救人民生命、维护人民健康安全作为头等大事和首要任务，并以实际行动落实。

2. 坚持以防为先

所谓以防为先，就是在处理大学生突发公共危机的过程中，要把问题的预防和解决作为首要任务来抓。在高校思想政治工作中，如何应对突发事件是高校思想政治工作中的一个关键问题。

3. 坚持依法处置

大学生危机处理的相关法律、法规或高校学生的管理条例，是应对大学生突发事件的理论基础和法律依据。在处理大学生突发危机事件时，必须坚持依法处置的方针，不得违反国家法律、地方性法规及高校的相关规定，做到知法、守法、文明处理。同时还要坚持准确及时原则、心理信息保密原则和院系具体处理原则等。

五、心理危机干预的基本技术

（一）倾听技巧

有效倾听是与求助者建立良好关系的第一步，如何才能有效地倾听是需要技巧的。倾听技巧，就是指干预者在倾听中过程采用语言或非语言表达方式的参与行为。最开始的时候，干预者无须多言，相比开口说话更应该多注视对方，认真、投入、一心一意地聆听对方的讲述。在绝大多数咨询和治疗的初期，求助者除了心理问题造成的应激之外，还会对治疗本身带有一定程度的焦虑和紧张情绪，在危机情况下，这种焦虑和紧张情绪更突出。因此，求助者可能会精心掩饰自己的情绪而不表现出来，也可能会用愤怒、咄咄逼人等表现代替真实的情感（如害怕、悲伤、自责等）。这就要求干预者必须全神贯注于求助者，漫不经心的干预者往往会错过求助者的真实想法。

干预者在倾听的过程中不仅要善于听到"言外之意"，而且还应该细心地留意求助者非语言所表达的内容。非语言内容的表达方式有许多种，如身体的姿势、动作、语调、眼神变化、手臂和腿的动作、面部表情等，这些都需要干预者仔细观察。求助者在不经意间可能会通过身体动作表达自己的情感，如恐惧、愤怒、惊慌、怀疑、绝望等。干预者应该注意这些非语言内容与求助者的语言表达是否一致。通过对这种非语言内容的观察，可以发现与求助者语言不一致的信息，获得更可靠的信息。但是必须注意，危机干预者不能过多地对求助者的身体语言进行推测，因为这种非语言的表达内容毕竟是推测性的，并不是绝对可靠的。

同时，干预者在倾听时也要注意自己的身体语言，非语言表达必须与自身的语言表达相协调。如果干预者嘴上说着"我非常理解你的感受"，身体语言却表现出不耐烦，说的是"我根本就没注意你在讲什么"，这就对危机干预的顺利进行很不利。干预者的语调、面部表情、身体姿势甚至是房间的环境布置，都必须向对方传达出关心、参与和信任的态度。干预者通过点头、保持眼神接触、微笑、与求助者保持较近的距离（也不能太近）等告诉求助者："我很关心你，我会集中精力来理解你的感受，我能够帮助你。"

总结起来，有效的倾听要求危机干预工作者必须做到：

①全部的精力集中于求助者。

②领会求助者语言和非语言所表达的内容（有时求助者没讲的内容比讲出来的更重要）。

③捕捉求助者准备与他人，特别是干预者进行情感交流的时机。

④通过非语言方式向求助者传达关心的态度，尽可能建立信任关系。

（二）询问技术

危机干预工作者在倾听的过程中，不可避免地需要通过向求助者提问来了解情况。干预者有时会遇到这种情况：在向求助者提问时，他们的回答要么很小声，根本听不见；要么就只是点头或摇头，说是或不是。对此，干预者会觉得很棘手。其实，能否得到更多的资料和有意义的反馈，很大程度上取决于提问的方式。危机干预的过程中，不同的情况下可以使用不同的提问方式，其中有开放式提问和封闭式提问。

1. 开放式提问

通常情况下，开放式提问的范围广泛，其主要目的和作用是通过问题来获取更多信息。开放式问题的开头多为"什么""如何"，这种开头的问题有利于回答者更为具体和深入地进行回答和描述。举个例子，在要求求助者进行表述的时候,可以使用"在什么样的情况之下……""你如何看待……""请你谈谈……";在与求助者讨论计划时,可以用"你打算……""你觉得他会怎样帮助你"等句式。开放式提问对于求助者的表达有很好的帮助作用,更有利于求助者完整、深入地描述经过,并对其内心思想进行表达。使用开放式提问可以帮助危机干预者获取有关求助者的更多信息,诸如感情、思维、行为等方面。

需要特别注意的是,危机干预者在使用开放式提问时不能使用"为什么"的开头句式。在危机干预的过程之中,危机干预者对求助者的想法和行为产生好奇乃至不解的想法都是人之常情,然而初学者极有可能无法在干预时控制自身,急迫地想要得知对方之所以如此想、如此做、拥有如此感受的理由,甚至会产生如果自己知道为什么会有利于自身的干预工作的想法。然而事实恰恰相反,真正有经验的危机干预者并不会使用"为什么"作为问题的开头,因为这个问题并不会帮助自己获得更多有关求助者的信息。直接的"为什么"问题在绝大多数情况下会激发求助者的自我防御机制,他们会下意识注意自身言行,由此导致回答失真。一个合格的危机干预者不会直接发问"为什么",而是会在与求助者的倾听与交流中寻求答案。

2.封闭式提问

开放式提问的好处有很多,其中帮助危机干预者获得更多有关求助者的信息尤为有效。但并不意味着询问时只采用单一的开放式提问方式,封闭式提问在某些情况下同样适用,且拥有很好的效果和作用。

封闭式提问一般是指将是非作为回答的提问方式。其指向性极强,所问问题的范围很小,仅局限于该封闭式问题本身,常用词有"是否""能否""可不可以""有没有""会不会"等。封闭式提问的主要目的是对一些已知信息进行相关确认,如"这是否意味着你想自杀?""你是不是想伤害她(他)?""你有没有回过那个地方?"等。除此之外,封闭式提问还拥有一个特殊的作用,即与求助者订立约定、得到保证、获取承诺。例如,在与求助者共同商讨制订计划之后,可以进行封闭式提问:"你愿意与某某合作去做……吗?""你会与他好好谈谈吗?"从而得到求助者的承诺。

(三)干预技术

干预技术分为广义和狭义,危机干预者帮助求助者制订行动计划并付诸行动的过程就是狭义的干预技术。与患者交流后的这一整套步骤是干预技术的普遍流程,普及最广、最常使用的干预技术分为非指导性咨询、指导性咨询以及合作性

第二章 心理危机预防与干预理论

咨询三种。在对患者进行精准审慎的能动性水平评估后，从中选择最合适的干预技术。

1. 非指导性咨询

若危急情况并不严重，即患者可在自身较强能动性意识下积极采取一定的缓解方法和应对措施，此时危机干预者应选择采用非指导性的干预技术并严格按照基本流程。首先，危机干预者要弄明白患者的真实诉求，这就需要其采用多元开放式提问方法与患者交流，认真、耐心地倾听他们心底最真实的愿望。需要注意的是，有时候患者并不能确定自己的真实诉求，需要危机干预者正确、积极地引导，但同时要把握分寸，不可过度引导，给求助者造成困扰。弄清楚求助者想要什么之后，为求助者罗列解决问题的所有方法和途径，并验证每种选择可能会导致的后果，使求助者在心里有一个清晰的认知，避免因迷茫、冲动做出让自己后悔的事情，从而加重危机。危机干预者选择这种提问交流方式的目的是让求助者自己感受和澄清心底最真实的诉求，从迷茫的情绪中理出正确的思路，这种交流方式被称为非指导性咨询。

在澄清求助者的问题后，危机干预者需要从各方面评估求助者的能力和能动性，在求助者的主观能动性较强的情况下为其创造条件，引导其自主选择合适的解决问题的方式和措施，充分发挥自主性，积极勇敢地面对现实和困境，削弱求助者的逃避心理。在这个过程中，危机干预者不可以强迫求助者按照干预者的想法去选择，说教和控制都是不可取的。危机干预者和求助者都应该建立一个统一的认知前提，即这是求助者自己的问题，应该靠他们自己的努力去寻找解决问题的方法。而危机干预者只是一个引导者，帮助求助者重新建立信心防线，激发其潜能，支持、鼓励求助者做出合适的选择并付诸实践以得到满意的结果。要让求助者相信自己有能力解决当下的问题，自己只是不自信、不敢尝试而已，只要做到勇敢、理智、权衡利弊，就能轻松解决当下遇到的困扰。

2. 指导性咨询

如果危机干预者经过评估发现求助者严重缺乏主观能动性，完全无法靠自己解决眼下的问题，那显然非指导性咨询就不合适了。此时，干预者应采用指导性咨询法，即危机干预者来充当解决问题的主导者，包括判断选择正确的解决方法，制订合理有效的计划并监督、帮助求助者将干预者的计划付诸行动。在这个过程中，干预者暂时起到完全支配求助者的作用，直接给予其果断的建议来帮助求助者控制局面。通俗地说，指导性咨询需要干预者帮求助者拿主意，教他们应该怎样行动。

缺乏能动性的求助者的状况各不相同，有的患有严重的抑郁症，有的因为吸毒或器质性问题需要住院治疗，有的遭受突然的意外打击而情绪失控，有的失去亲人悲痛欲绝，有的急性焦虑发作难以自控，有的当前具有杀害自己或他人的危险等。在危机干预的实践过程中，每一位危机干预工作者都必须有能力应对各种不同的需要指导性咨询的求助者。在交谈中要特别注意检查评估自杀的危险程度，因为这些丧失能动性的求助者发生自杀的危险性更强。一般来说，危机干预工作者可以开始采用指导性咨询，然后再转变为合作性咨询。例如，面对一名极度抑郁、焦虑且有自杀念头的求助者，危机干预工作者可以先指导其做放松练习，降低其焦虑水平，然后逐步转变为合作方式继续咨询交谈。现举例如下：

求助者：我不知道怎么办好，我很害怕，我现在思想很混乱。我不知道今晚他会怎样对我，我甚至不敢想到今天晚上。（表现激动和不安）

危机干预工作者：我认为你现在这种情况不能回家。我可以打电话联系妇女求助中心安排你过夜，你至少要考虑在那里过一夜。不用担心，我们这里有车可以送你过去，明天早上你可以再来找我谈。不过目前我首先要保证你现在和晚上的安全。

危机干预工作者开始时一般采用非指导性咨询，然后根据检查评估的结果，逐步转为指导性咨询。每一个求助者、每一个危机境遇都是独特的，千万不能指望用一种方式解决所有的问题。即使面对同一个求助者，根据不同阶段对其能动性和危险性评估结论的不同，也应当适时地调整干预策略。

另外，在实施干预技术的时候，还需要做两方面的准备。

一是建立和使用工作关系网。危机干预工作者要想有效地为求助者提供支持、帮助，就需要与有关机构密切合作，建立工作关系网。能够给求助者提供帮助的关键人物都应该包含在工作关系网中，如律师、法官、政府机构的有关人员、心理治疗师、医务人员、警察、居委会或社区工作人员等。干预者要与他们建立密切的联系，才能在求助者需要时得到其他部门的及时救助。建立和使用有效的工作关系网是成功的危机干预者的一项重要工作。

二是在恰当的时机转诊。转诊是干预的一个重要内容。危机干预者不是万能的，很多患者的问题无法在危机干预者这里得到完美解决，这说明这些求助者的问题已经比较严重，需要尽早接受专业的医学治疗。比如有的患者为了抵抗消极情绪或治疗焦虑、失眠而滥用药物，或者患者已经具有严重的抑郁症等，这些情况都需要接受长期而稳定的心理治疗，此时危机干预起不到有效的作用。因此，干预者要审慎地判断求助者的生理和心理状态，一旦发现问题，要当机立断为患者安排转诊，避免延误求助者的病情。

3. 合作性咨询

当危机干预者评估求助者的主观能动性水平介于需要指导和不需要指导之间时，应采用合作性咨询法，以平等的身份与求助者交流，像朋友一般倾听求助者的想法，然后二者共同商讨研究问题的解决方案。此时需要求助者具备一定的主观能动性，但欠缺独立思考问题和解决问题的能力，因此，需要危机干预者为其出谋划策。不同于非指导性咨询法将求助者的问题定义成其自己的问题，合作性咨询将求助者的现实问题当成二者共有的难题来对待，即"我们的问题"。建立起"同盟"情感可以帮助求助者缓解内心的压力和焦虑情绪，有助于其冷静、理智地思考问题。合作式的典型谈话术语是："你有很多想法和打算，但是不能确定具体哪一种处理方式最适合当下的情况，我们一起把所有的计划都罗列出来进行对比，一起选择出最优方案，好吗？"由此可以看出，在合作性咨询过程中，危机干预者作为求助者的"盟友"，参与共同商讨问题，包括确定诱因、验证选择、制订计划并且督促求助者付诸行动，在这个流程中，干预者起到催化、支持的作用。现举例如下：

求助者：我想到我妈家里去，或者到社区中心去寻求帮助，或者给我一个好朋友打电话，到她那里去过夜。

危机干预工作者：那我们来讨论一下这三种选择，看哪一种方式更合适……

六、心理危机干预的步骤

危机干预没有任何绝对不变的程序，干预过程具有相当大的自由性。每个求助者的情况都不相同，干预者的个人发挥起着关键作用，但是基本的干预步骤是要掌握遵循的。对于危机干预步骤的确立，很多著名的相关学者都很感兴趣。高登福特认为，危机干预者按照以下步骤帮助求助者可以获得良好的效果：首先，帮助求助者澄清面临的问题和真实诉求。其次，为求助者罗列所有科学可行的计划和措施。最后，帮助求助者权衡利弊，寻找出最佳的解决方案并监督求助者付诸行动、验证结果。

以上步骤中，危机干预者起到的是催化剂的作用，引导、鼓励求助者树立信心，理清思路，靠自己解决问题，而不是将死板的程序公式套在每一位求助者身上。我国学者季建林等提出危机干预四步法：问题的评估、制订治疗性干预计划、治疗干预、危机的解决和随访。经过研究检验，段鑫星等人认为危机干预的

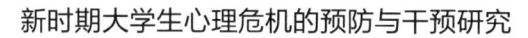

步骤如下。

(一) 评估问题

危机干预者首先要明确的问题包括：导致求助者陷入危机的具体事件是什么；求助者对该事件的真实感受有哪些；求助者的能动性水平如何；求助者是否存在自残或伤人的倾向；求助者以往遇到问题会采取哪些疏导措施；当前有哪些可使用的干预资源。明确这些问题具体可从两个方面入手。

1.明确事件

危机干预者可以通过一些开放性问题来了解求助者的危机经历，比如，可以使用"来跟我说说，什么事让你如此苦恼"作为开场白。需要注意的是，导致求助者陷入危机的不一定是一件事，也有可能是多个事件，这需要危机干预者细心排查确认，找到真正的问题事件。

一般来说，危机事件分为主要事件和次要事件。主要事件是最近才发生的，次要事件是以前发生过而留下阴影的。首先应当围绕危机事件展开干预过程，从而确保干预的主体和方向都是正确的。其次，科学审慎地判定求助者的心理危机状态，判断其属于高危人群还是轻危人群。这就需要了解求助者对危机事件的真实感受来界定当事人处于什么样的状态，求助者对危机事件的认知决定了危机事件对其产生多大的影响。因此，为了不影响求助者的正常生活和工作，求助者应对危机事件有一个正确的认知。另外，评估诊断求助者的情绪反应和能动性水平要借助正确的工具和手段，同时与其危机前的功能水平进行比较，从而判断求助者此时的状态。最后，通过直接和特定的问题来评估求助者的危险性，例如，"你想过用自杀来解决困扰你的问题吗？""你曾经自残或者情绪激动时伤害过身边的人吗？"一旦发现求助者有严重的心理危机问题，要及时处理，不可延误求助者的病情导致发生难以挽回的事情。

2.探讨应对策略

危机干预者要确认干预措施是否能对求助者起到有效的作用，需要了解求助者以往遇到难以释怀的问题时都采用过哪些自我疏导措施。干预者可以直接询问求助者："你在以往遇到使你焦虑、紧张、失眠等事件时，都是怎么开解自己的？"求助者对此问题可能会一时回忆不清，回答一些无效的疏解措施，比如大哭、暴饮暴食等。此时，危机干预者要灵活应对，引导求助者慢慢回忆以往发挥过作用的正确的疏解措施，然后询问求助者"这次使用以往的方法了吗？有效果吗？"以此进一步比对排除干预措施。如果以往的疏解措施都失去了作用，那么危机干预者要为其提供全新的应对措施,从而制订最佳的计划方案。

危机干预者还要了解求助者除了寻求专业机构的帮助,还可以从哪些人身上获得慰藉,比如配偶或者父母等。另外,要确认重新梳理危机事件的前因后果是否可以帮助求助人缓解焦虑情绪,抑或是加重其心理负担。通常情况下,干预措施有很多,但不是每一种应对措施都适合当事人,危机干预者的任务之一就是为求助者提供合适有效的应对措施以帮助他们解决问题。应结合求助者的生活环境,充分利用身边的资源帮助当事人重建心理防线。

(二) 制订计划

制订计划属于决策阶段,著名心理学家福特纳什和沃瑞特认为危机干预决策的过程如下。

观察,确认危机是偶然发生事件还是异常行为;区别,辨别相关和无关资料;验证,通过对求助人的观察和交流进行;组织,将获得的资料组织成有意义的材料;分类,将材料分别归类为有益于恢复正常状态和有益于交流。

经过以上步骤,干预者明确了导致求助者陷入危机的事件,了解了求助者对该事件的感受和认知以及该事件对求助者日常生活造成的影响,掌握了求助者此时的功能水平。接下来危机干预者该考虑的首要问题是什么?先解决什么问题?干扰干预措施的因素有哪些?什么应对措施会去除干扰因素?如何制订最佳计划方案?等等。这些问题可以帮助明确治疗目标,有了治疗目标才能开始制订最佳的计划方案。

干预目标的确立可以帮助求助者缓解焦虑情绪,释放心理压力,恢复到之前的身体机能,从而维持正常的生活、学习、工作和人际交往,并且积累经验和方法来应对日后遇到的突发性危机事件。结合求助者的实际情况和能动性来制订干预计划,引导、鼓励求助者重拾信心,靠自己的努力解决问题。

(三) 实施干预

作为整个流程中最核心的步骤,实施干预的时机非常关键。危机干预者不能将自己的意愿一味地强加给求助人,应根据求助人的实际情况罗列出所有的应对措施以供求助人选择,并帮助其权衡利弊,把自己当作求助人的盟友共同商议选择解决措施。在这个过程中需要注意以下几个问题。

(1) 帮助求助人缓解不良情绪,减轻心理压力

一些求助人陷入危机的原因是压抑爱恨、愤怒等现实情绪,否认悲伤、一味罪己。对于这种情况,危机干预者要适当地对求助人表达关心,深入理解求助

人的内心，引导、鼓励其勇敢地表达自己内心深处最真实的情绪，减轻求助人的痛苦。

（2）帮助当事人正确认识现状

求助人陷入心理危机后往往是不理性的，对现状更没有一个清楚的认知，于是更加焦虑、慌乱，进而陷入恶性循环，导致危机进一步恶化。因此，干预者要帮助求助者重新认识现状，建立正确认知。

（3）帮助当事人有效改变现状

危机干预者通过与求助人一起总结过去有效的应对方式，并适时提供新的应对措施，结合身边可利用的环境资源，减轻求助者的心理压力。

（四）效果及反馈

干预者在对求助者进行危机干预的过程中，不可一味盲目地、死板地按照最初制订好的计划实施，要随时监控求助者的心理状态，从而判断心理干预方案是否起到积极作用。如果发现原先制订好的方案不适合求助者，收效甚微甚至起了反作用，应及时修改、调整计划措施，通过不断实践验证选择、完善计划来寻找最优解决方案。同时，干预治疗长时间持续导致求助者对干预者产生严重的依赖心理，从而影响求助者的独立发展和正常生活。因此，干预应分阶段、分疗程地间隔进行。

此外，在每次干预过程结束以后，危机干预工作者都应举行一个小型的报告会，所有参与人员都要坦诚地交流心得，评价自己的成功和过失。这样有利于缓解危机干预工作者的压力、总结得失，并为下一次的干预做好准备。对在危机中康复的当事人，要举行一个告别仪式，使其真正与过去做心理上的告别，开始新生活。

第三节　心理危机预防与干预的意义

一、心理危机预防与防护的意义

（一）心理危机预防与防护的对象

正常人和轻度心理失调者是心理危机预防与防护的一般对象。这一笼统的对

第二章 心理危机预防与干预理论

象可以分为三个层次，第一层次是普通人群，第二层次是高危人群，第三层次是轻危人群。

1. 对普通人群的经常性防护

普通人群处于心理危机预防与防护的第一层面。原因很简单，危机是一种正常的生活经历，所有危机均由负面性的生活事件引起。在人的一生中，每个个体都会经历社会生活的挫折，都不可避免地要经历危机，因而要开展面向全体社会成员的心理危机防护工作。面对全社会的所有成员进行心理危机防护的主要手段是加强心理健康教育。通过经常性的心理健康知识教育，可帮助社会成员形成健康的心理观念与认识，从而达到心理危机防护的目的。正如有的学者所说的，清醒地认识危机，对其建立正确的认知，将危机变成蜕变的机遇。

2. 对高危人群的重点性防护

心理危机预防和防护的第二种对象是指遭遇了重大意外事故或自然灾害，如亲人去世、突发绝症等的高危人群。根据危机理论的危机分类，这类人群还可以分为发展性危机人群、境遇性危机人群、存在性危机人群三种类型。他们普遍具有人际关系紧张、无法适应环境等特征，在负性社会生活事件的打击下心理防线崩溃，发展成为心理危机的高危人群。

相关部门应建立完善的危机预警机制以监控高危人群的动态，及时提早对高危人群进行防护，避免状况进一步恶化而造成难以挽回的后果。

3. 对轻危人群的选择性防护

心理危机预防和防护的第三种对象是指那些处于心理危机的前危机期与冲击期的轻危人群，他们在经历意外事件后由健康的心理状态逐渐向危机心理状态转变。在这个阶段，他们会产生一定的行为异常，诸如焦虑、惊惧、思维混乱等，应及时给予其心理危机防护措施，避免状况进一步恶化。这就需要人民群众加强心理危机防护意识，在发现自身行为异常后及时、主动向危机干预者及相关机构寻求帮助。有两点需要注意：一是对心理危机阶段的划分并不是绝对一成不变的，干预者要根据求助者的实际情况具体分析；二是科学审慎地评估诊断求助者是否属于心理危机的轻危人群，不能仅凭观察草率诊断，干预者要运用科学的测验方法和手段。

（二）心理危机预防与防护的意义

在普通大众中普遍存在心理危机问题，当发生意外和特殊情况时，没有人能幸免于难、不受创伤。人类是情感动物，心理承受能力是有限的，当遇到严重的事故时产生心理问题在所难免。尽管实施心理危机干预并不意味着每个人都能从干预中获益,但随着心理危机干预技术的日臻完善和在实践中的功效得到检验及证据的支持,人们对干预本身不再怀疑。但是,心理危机防护有效吗?换句话说,心理危机防护的意义和重要性何在?

1.心理危机预防与防护是维护人类健康的重要手段

健康不仅仅是指生理方面的状态,还包括心理方面。人类历来重视对身体疾病的预防与医治,相对而言,对心理方面的健康却有所忽视。事实上,现代社会多变而充满各种各样的矛盾,失业、离异、患病、丧失亲人、财产损失等各种不测事件都会使人遭受挫折而引起心理异常。根据世界卫生组织的统计,全世界有4000多万人患有严重的精神疾病,现代精神医学上所列的心理异常症状就有200多种。而心理危机是导致精神疾病的重要因素,因此,开展心理危机防护是提升人类健康水平的需要。

2.心理危机预防与防护是减少自杀的有效手段

迄今为止,全球最大的悲剧之一就是自杀,每年因心理问题导致自杀的人有50万之多,并且因各个国家漏报,实际自杀数量要远高于50万人,保守估计有120万之多。生命来之不易,怎能轻易放弃?不管是工业化程度高、国民经济富有的发达国家,还是南半球的发展中国家,自杀都是提高死亡率、减少国家人口的一大因素,并且不管在哪个国家,自杀都不局限于某个群体或阶层,即心理危机导致的自杀是全人类的难题。自杀在大多数国家的死因统计中已排名前十,其中,由心理危机问题导致的自杀又在自杀总人数中占据极大比例。因此,增强人民的心理危机防护意识、重视危机干预者的工作已是重中之重。

二、心理危机干预的意义

(一)理论意义

从一部分关于建构大学生心理危机干预系统的文献的整合和分析中可以看出,近年来,我国众多高校已经给予了大学生心理危机及危机干预问题越来越多的关注,其中,相当一部分高校甚至开始尝试建立多层化、全面化的心理危机干预系统。但就我国目前的相关学术研究情况而言,国内在大学生心理危机及干预领域研究的局限性仍然较强,仅停留在大学校园内部的组织、团队、研究手段层面上;更有甚者仅将系统化、专业化的心理危机干预系统建设滞留在理论探讨的阶段,没有在真正意义上达到全面建设心理危机干预系统的目的。显然,这种情

第二章 心理危机预防与干预理论

况并不符合大学生的心理健康状况及高校心理健康维护工作的实际需要。从国家的可持续发展角度出发，要想及时发现和预防大学生心理危机，采取有效的解决措施，就应当深入探究和不断探索大学生心理危机产生的具体原因和具有可操作性的预防策略，之后基于研究成果建设科学合理的心理危机干预系统，从而实现高校大学生心理危机干预水平的组织化程度和实际践行水平，还能够为将心理危机干预上升到防御层次提供有效的理论指导。在当下社会，各阶层和各领域的人士都面临着不同的心理压力，大学生心理危机逐渐成为高校教育领域难以忽视的问题，在大学生的个人成长过程中是其学校、家庭和社会都必须重视的内容。因此，针对大学生心理危机的预防与干预理论能够对现实生活中的诸多工作产生极大的积极意义。

（二）现实意义

"心理危机干预"这一课题最早出现于20世纪40年代，在20世纪70年代初被世界卫生组织确立为一项正规的研究项目。从我国这一项目的发展状况来看，心理危机干预的研究和实践尚没有得到长足发展，仅处在起步阶段，并且借鉴乃至照搬了相当多的国外理论及经验。就目前我国的高校环境而言，由大学生不健康心理引起的恶性事件屡见不鲜，大学生的心理健康问题逐渐成为教育工作者不得不正视和需要解决的问题，大学生心理危机干预的相关研究在高等院校、家庭和社会的范围内得到了广泛的关注。因此，构建合理完备的大学生心理危机干预系统是高校对大学生心理危机干预的直接要求，能够对维护大学生身心安全、保障高校学生群体的心理健康状况、增强大学师生集体的心理危机预防意识起到十分积极的作用，并且还能起到净化校园环境、维持社会治安稳定的作用。

大学生心理危机的具体含义是大学生个体或群体在生活、学习和工作时，面对一些难以解决或自认为无法解决和控制的情况时产生暂时性心理失调的情况。人一旦处于心理失衡状态，就会在实际行为、心理变化和主观认知等方面产生错乱，乃至自毁和对他人构成威胁。大学生作为祖国未来的建设者和民族的继承者，拥有健全的身心不仅是顺应个体成长的需要，还是保障国民在不远的未来的整体素质乃至我国整体的国际竞争力的重要因素。因此，要予以大学生身心健康足够的保护，就必须掌握大学生心理危机的成因和特点，对大学生的心理危机进行科学的防范和干预，并以多种形式建立起具备足够可行性的大学生心理危机干预系统。为大学生心理危机干预建立全面科学的相关系统，是为学生树立危机意识,增强学生的抵抗危机和自我调节能力,从源头制止恶性事件发生,改善大学生心理素质状况,提升其社会适应能力的重要手段。

三、建立心理危机干预机制的意义

(一)深化对心理危机干预工作的认识

应使高校教学人员和责任人员充分认识到大学生心理危机干预工作的重大意义和时代背景提出的急切需求,增强其心理工作责任主体的承担意识以及自觉工作的意识。

相关研究表明,当前国内国际背景下,精神方面的问题已经在世界范围内被列为重大公共卫生问题和亟待解决的社会问题。虽然高校不可能在大学环境中根除因大学生心理危机引发的事件,但同样可以相信的是,在高校校园内对大学生心理健康教育进行普及,构建科学、完整的大学生心理疾病预防和危机干预体系,相关教学人员和心理学者担负起自身的责任,不同领域协调发挥作用,可以实现大学生心理危机事件频率的控制乃至降低。

在高校内顺利开展心理危机干预工作,就要使相关负责人树立起强烈的责任意识和危机感,在心理维护工作中积极发挥主动性,规范要求、协调合作、承担责任、齐心协力,避免工作上的脱节和遗漏。如果相关负责人员具备足够的心理危机识别和干预意识、强烈的工作主动性和合格的工作能力,就能够有效预判大学生心理危机并提前予以防治,将大学生心理危机事件的发生频次控制在最小范围内,有效减少其造成的不良影响。

(二)加强对心理危机干预工作的领导

加强对大学生心理危机的干预,关键在于对有关工作的协同体系进行构建和完善。

领导必须给予心理素质教育和心理危机干预工作足够的重视和支持,这二者及其相关体系构建工作要在学校党政领导足够的重视下才能顺利开展。如果高校领导亲自对大学生心理危机干预工作表示关注和提出支持,就可以为此类工作的持续开展提供可靠的保障。

有关实践证明,大学生心理危机干预工作效果提升的关键在于领导对心理危机干预工作予以有力的监督和检测,全面构建和完善相关的激励和协调工作体制,在心理危机干预工作落实方面下足功夫,相关责任主体承担起应尽的任务,组织起有力的合力工作。另外，受心理疾病和精神疾病影响而耽误学业的学生的身心健康情况也是一个需要关注的方面，有关工作的流程、检验和监控、责任划分、风险规避都是重要的环节，切不可使由于心理精神问题调整学业的学生在复学后由于工作环节的脱节或失误而无法正常学习。

（三）提升心理危机预警和危机干预能力

心理危机预警和危机干预能力是在大学生心理危机干预工作中有效体现针对性和可操作性的因素。

大学生的心理危机干预工作责任并不仅由学校心理咨询教师承担，它需要高校所有相关人员的共同重视和参与。所以，要想保证大学生心理危机干预工作的顺利开展，相关负责人员的专业培训和实践能力训练必须在合理的体系下得到充足的重视及发展。可以借助定期的辅导员心理危机干预专题培训、工作经验分享和学生心理问题分析探讨等活动来提高辅导员对学生心理危机的察觉和干涉水平，对校内外因心理危机而发生的恶性事件进行分析和研究，为辅导员的工作提供更丰富的经验；制度化、规范化班级心理委员和寝室心理联络员的相关工作，如专业培训、资格认证、水平考核等，确保心理危机信息的提早发现及消除；对新生及其家长心理健康状况的观察、心理危机的干预提供充足的帮助，在高校和家庭之间形成心理健康工作的合力，提升工作的实际价值。

（四）培养大学生积极健康的人生态度

大学生积极健康的人生态度的培养也是大学生心理危机应对素质和防范能力的关键建设对象。

大学生心理危机预防工作的本质性目的就在于使大学生锻炼出健康强大的心理素质。所以，高校相关人员要开发出更多、更广泛的心理素质教育方式，将课内的教学和课外的环境影响加以综合和引导，使其成为心理危机预防的主要方式和基本程序，在高校学生心理工作中加强渗透，在课堂内外形成教育和疏导、调整和服务、指导和自助相辅相成的工作体系，从根本上实现大学生心理素质的提升，为心理危机的预防提供根本性保障。此外，还要对高校学生的生命尊重意识和挫折教育加大重视力度，通过教育让每个学生充分认识生命的价值，对自身和他人的生命给予应有的尊重，在现实中珍惜和保护生命；养成敢于面对挑战和挫折、顽强拼搏的精神，遇到困难不颓废、不放弃，勇于解决难题，从容地应对学习、工作中遇到的种种不理想情况。

第三章　新时期大学生心理危机的预防措施

对于大学生心理危机问题，最重要的就是防患于未然。本章为新时期大学生心理危机的预防措施，分别从个人层面和学校层面出发，论述大学生心理危机的预防措施。

第一节　个人层面的预防措施

一、提升自身的适应能力

刚入学的大学生由于生活环境、学习环境、生活方式等的改变，都会经历一个适应阶段。不同的是有的人适应期长，有的人适应期短；有的人适应能力强，有的人适应能力差。适应的具体定义是，人面对外在环境变化时的内在系统自我调整、顺应变化的环境和自身客观需求、在个人和外在之间尽快达成新的平衡状态的能力。它包含两层含义：首先是顺应环境，也就是个体根据环境的改变而改变自我。顺应良好则可以很好地融入周围环境，因适应不良带来的苦恼较少；而顺应不好则容易产生孤独、苦闷的情绪，与周围环境无法和谐相处。其次是在顺应环境的同时，个体也要保持自我能动性。适应是一个动态发展的过程，人总是在不断变化中取得与环境的平衡。如果与环境失去平衡，人就要改变行为以重建平衡。如果大学生不能快速地适应新环境，那么发生心理危机的概率会更大。

（一）大学生面临的环境变化

环境即某一个体进行特定活动的场所。高校的新生在入学时所接触和融入的是一个崭新的环境，其自然条件、语言特点、人际关系、校园外的情况都与以往有所不同。

第三章 新时期大学生心理危机的预防措施

1. 自然环境的变化

就宏观环境而言，我国地理定义上的南北方、东西部、内陆和沿海地区的环境，从地形地貌、气候温度到光照雨水、自然生物等方面都各有特征。南北方的地理环境差异非常明显，而地理环境对人的心理状态有一定的塑造作用，一个人长期受所居住地区的影响，其生理和心理机制必然会在有意识或无意识间顺应周围的环境，与环境构成相对平衡稳定的关系。因此，人的心理状况和性格特征也会因地区差异而有所不同，这也可以说是人们在日常生活中对特定地区人们特征的刻板印象的来源。因此，高校新生（特别是在远离家乡在异地修学者）应在入学之前充分考察自己即将融入的学校归属地区的地理特点，如气温、地势等，以便在入学后更快、更自然地适应与以往不同的自然环境条件。

当然，具体到校园小环境和校园周边环境，也需要新生了解、熟悉。从教室、图书馆、宿舍、食堂到校园超市、电话亭、网吧等，都与中学时有很大的改变。而且大学的周边环境更复杂，餐厅、娱乐厅、小旅店、医疗场所等，可谓是一个社会的缩影。

2. 语言环境的变化

我国作为多民族的人口大国，拥有多种多样的方言。方言差异不仅仅存在于不同的省市之间，还会存在于同一城市乃至县城内部。学生在中学时往往面对的都是本地师生，因此也会在日常的沟通交流中采用本地方言。但在高校环境中，同校学生来自五湖四海，使用的方言多种多样、千差万别，个人了解的方言不再适应校园交流的需要，因此普通话的沟通作用彰显出来。对于部分学生而言，适应语言环境的过程并不是一件简单的事。特别是对那些在以往的生活环境中很少使用普通话，且对自身普通话水平不够自信、性格相对内向的学生来说，语言环境的改变是亟待克服的问题。另外，了解学校所在地区的方言特征也是高校新生的一项任务。新生在融入高校周边环境时经常会接触一些本土方言，特别是在诸如餐厅、商店、娱乐休闲场所等公共场合。总之，方言的适应是高校新生在实际生活中的必修功课之一。

3. 人际环境的变化

大学生生活在校园环境中，交往的对象主要是教师和同学，因此存在的主要人际关系是师生关系和同学关系。但由于高等教育的特点，大学教师与大学生不再像中小学那样频繁接触，大学老师上完课后，可能就不见踪影了。大学中师生交流和沟通较少，有时甚至是一学期过后，教师与学生还互不了解。可以说，在高校大学生最主要的人际关系是同学关系（班级同学交往、社团内同学交往、宿舍成员交往和老乡间交往）。由于大学生来自不同地域和不同家庭，大学生在思想观念、价值标准、生活方式、生活习惯等方面有较大差异。而且大学中同学间的目标会出现很大的分化，同学间可能会存在一些观念、利益上的冲突。又由于大学生与家庭成员间的交往机会大大减少，来自同一城市的同学间的感情交流会较多，老乡间互相关注的程度较高，这是与中小学人际交往的一个很大不同之处。

4.校园外社会环境的变化

高校新生的异地入学就是融入一个与以往完全不同的生活环境。这个新的生活环境包括了高校所在地区的人文风情、政治经济、城市规划、交通情况等，学生需要了解当地的各种情况，如方言的表达和当地的日常饮食习惯等。各类高校学生可能经常接触的校外单位，如餐馆、书店、网吧、娱乐休闲场所也是入学新生需要逐步了解的对象。

（二）经济关系的变化

大学生在离开家庭进入高校之后，便在一定程度上有了更大的经济支配权利。学生处在中学阶段时，往往会在消费上受到家长较多的规范、引导和制约，消费自由的条件在各种意义上都很难达成。在高校就学期间，学生虽然仍旧主要依托家庭给予的经济支持，但在金钱的具体安排和使用上可以更多地按照个人的理念进行消费，这样就可以在经济上掌握更大的自主权。此外，相当一部分大学生秉持勤工俭学理念，在校期间通过兼职来获取自己的经济收入，从而减少对家庭的经济依赖。综上所述，高校学生对金钱的安排和使用也是一个需要认真应对的问题。

（三）学习的变化

大学学习不同于中学，其专业性更为突出。一般来讲，中学教育的主要目的和作用是为学生下一步的升学或就业方向奠定文化知识基础，课程的安排及内容在全国范围内都呈现出较为统一的特点。而高校课堂教学则根据学生的专业选择来培养专门的技术应用型人才，学生在进行专业选择时，依据个人的志向追求、实际需要、爱好及特长做出选择，并有较大可能在大学毕业后独立从事与自身所选择的专业有一定关联的工作或研究项目。按照基础课程和专业课程的划分，教学形式和具体要求也各不相同。高校学习的专业性特点决定了其教育培养目标不再是以升学考试为目的，而主要在于将学生塑造成具有出众的专业技能的应用型人才；学习要求不再侧重于单纯的分数高低，而倾向于对专业知识和技能的把握程度，培育优秀的高素质全面型人才。此外，中学和高校的课程内容安排也有明显不同。前者主要教授基础性知识和基本技能，安排的课程和科目也相对有限，固定于指定的几门课程，并且是在基于以往学习的底子上进行更加深入的学习，学生对所学课程的各个方面（如学科体系、主要思想、学习方法）已经有了一定的了解；后者的课程安排则以模块化设计为主，将不同的课程作为同一知识体系中的"模块"，这些模块共同构成了知识体系框架和全貌。

（四）角色的变化

大学课程与中学课程的不同在于——数量上的"多"和深度上的"难"。大学课程数目比中学多很多，而且大学的学习涉及很多学科的前沿领域，深入研究对象的本质，很多问题是未知的或者很多理论是存在争议和具有多种可能性的。大学的学习内容比较抽象，一般牵涉事物的本质和基本的原理，对学生的思维和想象力提出了更高的要求，所以学起来就比较"难"了。

在学习的自主性上中学和大学有很大不同。中学生主要依靠教师安排学习活动，自主性很弱；大学生则主要靠自己安排学习活动，自主学习范围大。大学生学习自主支配的时间较多，可选择的学习场所较多——除教室外，还有图书馆、阅览室、宿舍等，教师不再跟班督促。大学学习任务大多是以自我监控为主的学习任务。

1. 从佼佼者转变为普通人

在新环境中，每个人都会面临巨大的角色转变。大多数大学生要面临的角色转变就是从曾经的佼佼者到普通人的转变。因为过去的优势地位发生了动摇，所以有些大学生会怀疑自己的能力和价值，无法接受现实，甚至开始讨厌自己、产生自卑心理；而有些大学生则不同，他们开始反思自己的价值，挖掘自己的优势和潜力，并接受自己是普通人的现实。后者在校园中能更好地适应环境。

2. 从一元评价转变为多元评价

在中学阶段，人们习惯上把学习成绩作为评价学生好坏的主要标准，而在大学阶段则更注重学生素质的全面发展。许多大学生学习成绩优异，但因缺乏特长、综合能力较差，往往不如那些学习成绩并不突出但综合能力较强的大学生受青睐。因此，大学生对自我的评价应当从一元转变为多元，应该更加重视培养自己的综合素质。

3. 从依赖转变为独立

自我管理和独立能力较差的大学生离开父母后往往无法合理地安排自己的日

常生活，在面对现实困难时没有应对的思路和方法，也不善于处理和校园中其他师生的关系，因此难以充分地适应大学生活。这种状况的根源往往来自学生过去对父母的过分依赖。而大学阶段是对学生的独立生活能力提出考验的人生阶段，学生应在观念和行动上向着更为独立的方向转变。

（五）大学生提升适应能力的对策

1. 积极地接纳自己

人需要通过对自身的客观认识和评价来确定自身的定位，从而达到适应生活环境的目的。相关心理学研究证实，一个人的自我认知和评价越实际，就越不会被自我防御所约束，从而具备更强的社会适应能力；反之，则有可能产生各种负面的心理问题。

适应环境反过来也会影响一个人对自我的认识。在外部条件一定的情况下，一个人能否取得成功，关键在于他能否准确地识别并充分发挥自己的优势。因此，接纳自己、认识自己、发现自己的优势是个体在新的环境中应对适应不良问题的重要策略。然而，在现实生活中，很多人都没有考虑过自己的优势。美国著名管理学家德鲁克曾说："大部分人都不知道他们的优势何在，如果问他们自身的特点，他们就会呆呆地看着你，或文不对题地大谈自己的具体知识。"因为不了解自己的独特价值而无法树立自信心、无法转变角色以适应环境变化的现象在大学生群体中相当普遍。

大学生应该如何在日常生活中接纳自己、培养自信心呢？英国心理学家克列尔·拉依涅尔提出了以下十条原则。

第一条：每日三次对着镜子整理仪容，三次时间分别是清晨、午饭和晚间就寝前。其目的在于消除盲目的外表焦虑，以便在学习和工作上集中精力。

第二条：不介怀个人的身体缺陷。

第三条：不过分在意别人对自身的注意和不满。

第四条：不过分指责别人。

第五条：认真倾听他人的话语，不唐突打断他人发言。

第六条：坦诚做人，承认自身的无知和不足之处。

第七条：善于结交可靠的朋友。

第八条：远离酒精，勿以酒饮来强振精神。

第九条：不必过分拘谨，不过分在意志不同、道不合的对象。

第十条：尽量不使自身处于困境中，避免他人对自己产生优越和鄙视感。

第三章　新时期大学生心理危机的预防措施

2. 确立学习目标

对很多大学新生而言，中学阶段的学习目标非常明确，那就是考上大学。现在大学已经考上，新的学习目标是什么呢？有些同学目标缺失，不知道该干什么，于是被动地上课、学习，倍感空虚和无聊。同时，大学的学习与中学的学习相比，课程的安排、教师的授课方式与课外辅导等都有明显不同，有些同学沿用中学的学习方式来应对大学学习，倍感吃力和紧张。因此，大学新生要有明确的学习目的和正确的学习动机，以提高学习兴趣，掌握科学的学习规律和学习方法，不断发展自学能力。

3. 学会自我管理

大学生的自我管理重点在于养成有规律的、科学的生活作息和学习习惯。一个人对周边环境的适应来自合理的生活习惯，必须保证生活的节奏足够平稳且符合自然的规律，才能及时掌握现实生活环境的变化，并使精神状态维持稳定和健康。

高校学生需要通过科学安排时间来养成良好的作息习惯。高校生活具有显著的自主性，学生往往需要自己规划用于学习、社交、社会实践等日常项目的时间。在这一前提下，时间的细化安排对高校学生而言就是必不可少的技能。高校学生应树立有序的时间观念，当为自身的学习与日常生活安排合理的计划，在日常生活中自觉摒弃和远离不科学、不健康的作息习惯，对自身的日常安排进行科学的规划。

在对时间进行管理时，大学生可以根据事情的急迫性和重要性将其分为四大类，即重要且急迫的事情、重要但不急迫的事情、不重要但急迫的事情、不重要也不急迫的事情。大学生应该花费较多时间去完成重要且急迫的事情，而不应该把时间浪费在既不重要也不急迫的事情上。有的大学生把大量时间花在急迫但不重要的事情上，误以为越急就越重要，结果不但没能完成重要的事情，也使整个计划的实施受到了影响。因此，大学生要懂得舍弃一些无关紧要的事情，把更多的时间和精力花在重要且急迫的事情上。

高校学生会在时间管理和具体的学习、生活计划执行中遇到许多实际困难，这些困难都需要学生以积极的态度应对并加以解决。畏难情绪是高校学生常见的心理状态，在面对较为困难的任务时想要退缩，但在实际的工作开展中又会逐渐感觉任务不像想象中那样艰巨，并在任务完成后获得克服困难的喜悦，从而在这一过程中树立更强的自信心。但是，若自始至终不敢挑战困难，就永远无法真正克服它，也不可能正确地认识自己的水平。因此，高校学生要以积极的态度和举措来面对陌生的环境，通过实际行动来熟悉并融入新的环境。

4.合理地制定目标

一个人只有确立自己的理想和目标，并为实现该理想和目标而不懈努力，他的生活才会更加充实和有意义。因此，大学生在学习和生活中要根据社会发展的要求和自我成长的需要，为自己制定一个长期目标，并为实现这一长期目标而制订相应的短期计划。制定目标时，要依据自己的能力、人格特点及客观现实，既不能盲目追随他人，也不能主观臆断。

此外，大学生也不能忽略了自身潜在的能力。心理学家认为，大部分人只发挥了其所有能力的5%~10%。人们应该尝试一些困难的工作，使自己的潜能得到充分的发挥，进而实现自己的理想和目标。

5.寻求心理咨询

环境变化会引起心理变化，从主观意识方面加强大学生心理建设，对调节环境适应能力具有良好的导向作用。心理建设源自心理辅导，大学生要学会进行自我心理疏导，从书中寻找心理疏导方法，调节个人主观意识，形成积极的心理情绪，达到注意分散的目的。此外，大学生要主动寻求心理医生的帮助，通过心理咨询保持心理平衡，不受外界因素干扰，在与医生谈话中解决内心的矛盾，改善心理危机状况。

二、学会自我放松与自我暗示

（一）学会自我放松

加强心理建设要从解决紧张心理入手。心理过度紧张是内心不安的表现，会影响个人外在的行为表现。如果表现未达到心理预期，会容易催生负面情绪，给身体健康带来一定困扰。身体健康程度降低，人对疾病的抗侵袭能力就会下降，这会给身体多个器官造成不良影响，从而扰乱个人正常的生活、工作。大学生克服过度紧张心理要学会进行心理建设，可以多观察社会积极向上的一面，多思考有益于身心健康的问题。

1.放松疗法的原理

调控心理活动离不开意识的驱动力，个人需树立正确的、积极的主观意识，维持心理活动平衡性。心理变化会使人体产生相应的多巴胺，最终影响情绪变化。身体感应是由身体器官发出的信号指令，不受意识驱动的影响；而身体肌肉是受神经系统控制，故人体意识会对身体肌肉做出相应的调节指令。也就是说，

第三章　新时期大学生心理危机的预防措施

可以通过意识调节身体肌肉神经系统，进而改变人的情绪，以此减少过度紧张带来的消极情绪。基于这一原理，大学生需要保持积极的、正确的主观意识，通过意识调节神经系统，进而使大脑发出积极的信号指令，产生放松的心理意识。

2. 放松的方法

放松疗法常被用于调节紧张心理，大学生可广泛借鉴、学习有效的放松方法。

（1）大笑

在医学界，开怀大笑被认为是克服紧张心理的有益尝试。人体发出笑声时，其心肺器官和脊背器官会变得活跃，神经系统会发出放松的信号指令，身体肌肉处于松弛状态，由紧张引起的心跳加速会缓慢下调。

（2）深呼吸

呼吸是缓解焦虑的有效方法。当人内心处于不安时，心率跳动就会高于正常值，人体呼吸会变得短促。此时，人就需要慢慢地深吸一口气，以此扩充胃和胸腔的空间，待吸气完成后，再通过鼻子缓慢呼出，心里可以默念"保持冷静"，以此加强心理调节作用。大学生可以采用心理暗示与深呼吸结合的方法，克服焦虑或紧张情绪。

（3）六秒钟健康法

美国人凯斯·门罗认为六秒钟能够帮助人体缓解负面情绪，虽然时间短暂，但是训练方式适用每个人。这种方法要求人们积极利用短暂的空闲时间，在这短暂的时间里，大脑要清空一切想法，身体腹部要向内收紧，下巴尽量下贴，左右轻幅转动身体，保持哈欠状态；然后将上述动作串联成整体，重复练习，以此使肌肉保持放松，改善心理状态。这一方法得到许多人的认可，大学生也可在空闲时间练习此方法。

（4）腹式呼吸

利用胸部呼气吸气会降低吸入的空气质量，腹部呼吸恰恰相反。现代医学研究结果指出，腹部呼吸使腹部肌肉状态发生变化时，也会使局部的肌肉毛细血管状态发生变化，这样便会促使血液流动的速度加快，人体供氧能力得到提升。腹部呼吸带来的腹部肌肉状态变化，会为胃部器官带来有益影响，使胃部与腹部连接畅通，促进消化。此外，腹部肌肉是排便的动力肌，当人体反复做节奏性腹部呼吸时，能够防止习惯性便秘，保持胃循环畅通。

掌握腹部呼吸训练方法，就要使身体保持放松的状态，借助鼻子等器官有节奏地匀速呼吸。此时身体腹腔由于吸气会渐渐外鼓，要注意控制腹腔的吸气点，腹腔吸气到达顶峰后，按照同样的方法使胸部吸满气，随后就是呼气的过程；呼气不要过快，和吸气保持同样的频率，要缓慢自然，待吸入的气体呼出后，要稍微停留，给吸气器官稍做准备的时间。可以想象闻花香的画面，按照此画面来做腹部和胸部的呼吸训练，使腹部肌肉更为放松，将焦虑或紧张的情绪全部释放出去，将自信的想法吸入脑海中，通过胸腹呼吸训练来保持身体的放松感和愉悦感。

（6）想象放松法

想象放松法即重复说一些自己编排的指令（如"我双臂发热"），同时你便感觉到由该指令所描述的效果在身体上出现。想象放松法非常简便，可不断重复如下六个步骤的指令。

①要将身体姿势调整至最佳幅度，不要用手支撑身体。

②尽量穿戴宽松的衣服或鞋子、饰品。

③避开吵闹喧嚣的环境。

④集中注意力，为感觉身体器官指令做准备。

⑤身体保持放松时，要注意调节呼吸频率，保持呼吸平衡。

⑥完成身体想象放松动作后，要注意将身体状态调至最佳，并给予大脑积极的想法。

（7）意守丹田法

我国古代的人们在做身体调养时，常讲究"气沉丹田"。也就是说，要想保持身体最佳状态，就要消除躁动的心理，放空大脑，双眼稍做贴合状态，注意控制腹部脐下约3厘米（即古人常说的"丹田"）的气息，用腹部缓慢吸入空气。此时要调整体内空气的流动顺序，想象空气会由腹部脐下逐渐上升至胸部，最终直达头顶中部与双耳尖交叉的位置（即"百会穴"）。向外呼气时，气体流动顺序与吸气时正好相反，即从百会穴流出，经过脖子和脊背后，到达骨盆下方位置（即"会阴"），然后重新回到丹田。一来一回地呼气与吸气，有节奏地反复训练，会使身体达到放松的状态，前提是个人必须将注意力集中起来，同时排除脑部杂念，保持气定神闲。大学生可以在宿舍等场所，按照此方法进行放松训练，但是在训练前一定要放松肌肉、排除杂念、集中精神。

（二）学会自我暗示

赋予心理积极的想象，加上重复性的语言刺激，会使个人心理活动产生明朗的变化，带来情绪状态的转变。通常来说，重复性的语言刺激就是人们所说的心理暗示，包括自我暗示和他人暗示。

1. 暗示的种类

（1）自我暗示

顾名思义，就是自己赋予自己某种积极的提示性想法，以此改变情绪和行为状态。举例分析，当个人遇到焦急的事情时，一定要反复劝诫自己保持冷静；当个人遇到困惑疑问时，一定要反复劝说自己保持开朗乐观。由自身心理行为产生的重复性语言刺激就是自我暗示的主要特征，该特征又是意识活动在脑海中的想象再现，故具有积极的引导作用。

（2）他人暗示

他人话语会对个人心理产生影响。当个人处于不安、紧张状态时，他人的劝诫会赋予个人内心积极的力量，个人则会依据他人处理事情的能力来选择接受的程度。他人暗示的效果取决于个人对他人形象的认知，也就是说，他人在个人心中的地位越高，其话语可信度也就越高，其话语影响力也就越大。曾经有学者举出类似的例子：当威望较高的教授出现在人们眼前时，他的一举一动都会被人所关注、采纳。当教授拿出装有刺鼻性气体的瓶子时，在场的人们对此会深信不疑；当教授打开的一瞬间，教授会做出用手帕捂住口鼻的动作，其他人见状也会纷纷做出相同动作，甚至都没有做出闻的动作。但是，教授所带的装有气体的瓶子，根本就没有散发出刺鼻性味道，只是由于教授的威望较高，所以才使在场的人们深信不疑。所以，这表明他人暗示对个体心理行为的影响较深。

2. 自我暗示需遵守的原则

（1）始终要用现在时态而不是将来时态进行

在遇到重要场面时，个人常会在嘴边重复话语激励自己，如"你是……"或"你要……"。也就是说，个人经常以第三人称的口吻，加上现在时态的表达方法来重复某句话，这会刺激内心行为反应。

（2）要用最积极的方式进行

自我暗示一定是带有明确目的性的言辞，通过反复肯定某句话来增强自信心。例如，在强调静心读书时，个人心里一定会说"我一定要按照计划读完这本书"，这样才会激发内心读书的欲望和动力。

（3）语句越简短就越有效

铿锵有力的话语表达源自内心对目标的渴望。个人内心建立的情感话语激励机制，会经大脑思考片刻后产生简短的言语。重复发出简短铿锵的言语，能够增强心理信心。

（4）始终选择那些自己感到完全合适的肯定

自我暗示建立在排除杂念基础上，个人需清空外界的干扰声音，使心灵得到放松，认真思索片刻后，选择适合激励自己的话语。也就是说，要积极顺应心理活动，在内心树立信心。

（5）进行肯定时，始终要记住我们在创造新的事物

排除杂念并不意味着取缔多余想法，只有存在想法才能生成新的想法，没有想法就会导致内心变得更加迷茫。对于多余想法，应该选择融合，将多余想法中的有效部分提取出来，与确切的想法结合生成新的意念。

（6）肯定并不意味着要抵触或努力改变自己的感受或情绪

在进行自我暗示前，内心应该明确哪些想法是有用的、哪些是没有帮助的，通过逐一了解所有想法，以寻找适合暗示的想法。要从接纳的角度出发，找出所有想法的共性与个性，赋予积极的自我暗示。

（7）自我暗示应该相信结果的确定性

要坚定对行为做法的信心，这样才会使内心形成目标与结果更为接近的想法。

3. 自我暗示方法

心理自我暗示和言语自我暗示，成为主流的自我暗示方法。心理合理想象和言语自我激励能够赋予个人新的意识，个人只需在空余时间、任何场地进行多次练习即可。脑海中建立的目标概念是催生心理活动的源泉，个人越是坚定脑海中固有的想法目标，朝着想法目标前进的心理活动欲望就越强烈。

美国学校常会开展自我暗示游戏活动，最常见的便是一分钟暗示疗法。学校要求学生利用睡前一分钟时间进行积极自我暗示思考，通过自行设计暗示语来激励自信心。一般常见的暗示语分为两类：一类是具有明确目的的、肯定语气强烈的话语，如"相信自己，不断超越""坚定目标，勇往直前""不管风吹雨打，咬定青山不放松"等。这些暗示语不是只是口头说说而已，而是要积极践行，通过反复强化形成坚定意识。暗示语还要求人称使用正确，必须使用第一人称，站在"我"的角度出发，通过重复性语言训练来增强信心。从句式特点来看，暗示语态度明确，语气具有强烈的主观性，必须以肯定的口吻结束。例如，"我必须好好复习，这样肯定能把排名提前"。

还有一类是表现某件事例成功的句子，如果说第一类暗示语是坚定个人信心的话，那么第二类事例语就是为走向成功提供依据。例如，"最近我又完成了……方面的任务，我近期的任务就是在……考试中进入班级或年级前……名的位置，

我肯定能实现！我肯定能实现！"这类事例语就是为保持目标的坚定性，通过明确目标的前进方向，采用激励性和肯定性的话语，使目标达成的可行性更强。有研究表明，此类事例语能够使学生消除心理负担，更加明确奋斗方向。

三、培养健康的自我意识

（一）自我意识的内涵

苏格拉底说要"认识你自己"，就是倡导人们形成独立人格，具备健全的个人意识。苏格拉底的这句话使人的思想和意识发生了转变，人们开始由神明走向人类本体，关注"人"在世界中的概念。文艺复兴运动是人类意识发展的"助推器"，文艺复兴时期出现的杰出思想家共同呼吁人性的解放，抨击宗教对人性的束缚，宗教不应成为阻碍人性发展的"权杖"。人文主义者呼吁人们重视人性中的自我意识，最具代表性的就是法国哲学家笛卡儿。笛卡儿提出意识的觉醒源自内心的思考，要主动去发现本体意识，去重视个性发展。

个人能够清晰地认识个体身心发展特点，并且能判断个体与周围群体的关系，这就是人格结构的核心组成部分，即自我意识。自我意识涵盖个体对生理及心理的多重认知，自我意识是情感、意识和观念的集合体，这种自我意识能够能动地影响人的行为表现，指导个体为实现目标而奋斗。

（二）自我意识的结构

1. 从形式上看

自我意识是观念、意识与情感的集合体。观念，即个体对他人或事物产生的认知判断；意识，即个体融入某一过程所形成的体验感觉；情感，即个体对体验感觉做出的心理调节。

自我意识是个体认识输入与产出的表现，个体会提前观察某一现象，并融入现象发展的过程。由此形成的体验感觉会被个体带入分析环节，个体会从分析中找出不足之处，形成自我批评。此外，个体还会形成对情绪认知的体验，还会从意志方面来控制个体行为。

（1）自我认识

自我认识是个体形成主体判断的前提，即个体必须要明确自己在事件过程中扮演的角色、发挥的作用，由此来完成心理调节和行为控制。个体对事件过程形成的经验性判断就是自我感觉和自我观察，在融入事件过程后，个体会对事件因素形成分析和评价，最终完成自我认识。

（2）自我体验

个体参与事件过程会形成认知判断，包括对事件参与的满足感与愉悦感等，都是自我意识的情感成分。在参与事件过程中，个体会重视自己的作用，并强调赢得他人的认可和尊重，这就是自我体验的具体内容。自尊意识是自我体验的主体成分之一，自尊意识建立在他人对个人的认可与支持基础上，而自信心则是对个体行为参与的满足感。自尊意识和自信心与自我评价是紧密联系在一起的。

（3）自我调控

个体参与事件过程中会不断调节身心活动变化，这就是自我调控的内涵。自我调控是自我意识的意志成分。自我调控主要表现为个人对自己的行为、活动和态度的调控，包括自我检查、自我监督、自我控制等。自我检查是主体在头脑中将自己的活动结果与活动目的加以比较、对照的过程。自我监督是一个人以其良心或内在的行为准则对自己的言行实行监督的过程。自我控制是主体对自身心理与行为的主动掌握。自我调控是自我意识中直接作用于个体行为的环节，它是一个人自我教育、自我发展的重要机制，自我调节的实现是自我意识的能动性的表现。自我意识的调节作用表现为：启动或制止行为、心理活动的转移、心理过程的加速或减速、积极性的加强或减弱、动机的协调、根据所拟订的计划监督检查行动、动作的协调一致等。

2. 从内容上看

（1）生理自我

生理自我主要指的是对自己的身体、体能、外貌等方面的意识，是对自身生理属性的认识和意识，比如体重、身高、长相、支配感、占有感、爱护感等。

（2）心理自我

心理自我是自我对自身的心理状态、人格特性、心理过程等方面的意识，其侧重于对自身心理属性的认识和意识。

（3）社会自我

社会自我主要指的是自我对自身在社会关系中的角色、权力、地位、人际距离等方面的认识和意识，是一种社会属性的认识和意识。

3. 从自我观念上看

（1）现实自我

现实自我是个体从自己的立场出发对现实的我的看法，即个体对现实的自我进行观察、分析、思考和评价后的认识。

（2）投射自我

投射自我是个体自我想象中的他人对自己的看法和意见，也称为他人自我。比如想象一下自身在别人心目中会有着什么样的形象、别人如何评价自己以及由此产生的自我感觉。显而易见，他人自我和真实的自我是不一样的，也是有差距的。当这个距离不断增大时，个人就会产生一种不被他人理解的感觉。

（3）理想自我

理想自我是个体站在自身立场上对未来自我的期盼与希望，即对理想中的自我的憧憬和认识。理想自我是个人希望通过努力可以达到的完美形象和所追求的目标，其中所涉及的根本问题是"我想成为一个什么样的人""我应该是怎样的一个人"，理想自我与现实自我可能是不一样的。理想并非现实，但是理想自我可以成为个体行为的动力，深深影响着个体的情绪、认识甚至行为实践。

（三）大学生自我意识的发展规律

大学生的自我意识从整体上说，其发展水平是较高的，已经经历了青年早期的急剧发展变化而进入趋于相对稳定的阶段。大学生自我意识的形成和发展有一个由激烈到平稳、由强到弱、由典型到不典型的过程，并非一蹴而就的发展过程，是自我分化—矛盾—统一、再分化—矛盾—统一的曲折过程。只有经历这样的过程后，大学生才能从不成熟的幼稚状态转变为成熟稳定的状态，自我意识也是如此。

1. 自我意识的分化

青年期自我意识发展的开端是明显的自我分化，自我分化也标志着自我意识走向成熟。打破了原来笼统的"我"，出现了主观的我（I）和客观的我（Me），开始意识到自己不曾注意的许多"我"的细节。"理想我"和"现实我"出现分化，分化的产生促使大学生对自我进行审视，更加关注自我内心世界与行为。同时会产生焦虑和喜悦、激动和不安的情绪，往往还会陷入自我沉思，对自我空间的要求比较高，希望被他人理解和关怀。

2. 自我意识的矛盾

自我分化会加剧"主体我"和"客体我"之间的矛盾，加剧两者间的斗争，使得"理想我"与"现实我"的矛盾更加突出，如理想与现实的矛盾、"主观我"与"客观我"的矛盾、上进与消沉的矛盾、交往需要和自我闭锁的矛盾、独立心理与依附心理的矛盾等。这会给个体带来精神上的痛苦和内心的不安，自我控制往往不果断，于是出现了很大的适应困难。但这是个体迈向成熟所必需的一步，是必要的、必然的。

3. 自我意识的统一

自我意识矛盾状态下的大学生会感到焦虑、不安甚至非常痛苦，因此大学生总是努力摆脱这一矛盾，试图重新统一自我意识，主要表现在统一"主观我"和"客观我"、统一"理想我"与"现实我"。当然，也体现在大学生在自我体验、自我认识、自我控制这三方面的和谐统一上。

每个人的社会背景不同、生活经历不同、智力水平不同和目标追求不同，导致大学生的自我意识分化不同、矛盾不同和统一的方式不同，这也导致了最终不同的统一结果和类型。简言之，主要有以下几种结果或类型。

（1）积极的统一：自我肯定

积极的统一的主要特点是对"现实我"有着清晰的、准确的、全面的、深刻的认识，占优势的是正确的"理想我"，并且要积极地、正确地、现实地确立"理想我"，使其一方面要符合社会要求，另一方面要符合自身实际情况，可以在努力之后达到。在实现"理想我"的过程中，大学生要善于总结经验教训，进行积极调节。统一后的自我完整而有力，既有助于自身成长，又适应社会发展的需要。大学生绝大多数属于这种类型。

（2）消极的统一：自我否定与自我扩张

消极的统一的共同特点：一是不正确的自我评价；二是不健全的理想自我；三是缺乏实现理想自我的手段；四是形成的自我是不完整的、虚弱的，是不健康的统一体。自我否定和自我扩张只占大学生群体的极少数。

自我否定的大学生对"现实我"有着较低的评价，其"理想我"与"现实我"有着巨大的差距。这些大学生在心理层面往往处于消极防御状态，缺乏自信与自控能力，无法肯定自身价值，拒绝自己并且与自己为敌。在这样的情况下，他们实现"理想我"不是通过主动地改变"现实我"，而是在一定程度上放弃了"理想我"，达到与"现实我"的趋同和自我意识的统一，但其结果往往是使自己更加自卑。

自我扩张的大学生主要是过高估计了"现实我"，占优势的是虚假的"理想我"，并且虚假的"理想我"与"现实我"得到了统一。自我扩张的大学生常常用幻想的我和理想的我来替代现实的、真实的我，主要特点是自吹自擂、有做白日梦的特点、在虚幻中度日。在不自量力的情况下，个人所追求的学业、事业、友谊和爱情都是自己的主观条件差于客观事实，因而失败的概率比较大。这类人容易产生心理变态行为，严重者可能导致反社会行为，用违法犯罪的手段来谋求自我意识的统一。

（3）难以统一：自我矛盾与自我萎缩

由于没有办法协调"理想我"和"现实我"，统一自我意识非常困难。其发展的结果有两种：自我矛盾型和自我萎缩型。这两种类型的人在大学生中只占极少数。

自我矛盾型的大学生对自己所作所为缺乏"我是我"的综合感觉，会有一种分离倾向——主要是对于"我非我""我不知我"的分离倾向，主要的特点有：一是内心矛盾的强度很大；二是持续的时间很长；三是对于自我认识、自我控制、自我体验没有稳定性和确定性；四是很难产生积极的自我，很久不能确立新的自我，无法统一自我意识。

自我萎缩型的大学生极度缺乏理想自我，但是不满足于"现实我"。他们有着严重的自卑心理，从而导致了自我排斥、自我拒绝的心理，从对自己的不满到自我鄙视、自我怨恨、自我憎恨、自我抛弃，甚至发展到更加严重的心理和行为。

总而言之，大学生的自我意识从分化到统一的过程不是绝对的，也是不一样的。具体而言，每一个大学生的身心发展水平和社会经历不同，其自我分化的早晚和特点不同，矛盾斗争的程度和倾向也会产生不同，进而统一的早晚和统一的方式也不同。另外，自我意识的发展是一直都存在的、是终身的，这并不意味着青年阶段自我意识分化、矛盾、统一后代表着其不再发展，而是说在青年之后，它的发展不再像青年阶段那样尖锐和突出，它更加稳定。因此，人的自我意识的发展总是遵循着"分化—统一—再分化—再统一"的规律。

（四）大学生自我意识的缺陷

1. 自我认识的偏差

（1）高估自我

在现实生活中，很多大学生常常认为自己是有价值的、讨人喜欢的、高人一等的人，并且总是放大别人的缺点，这就是所谓的"看自己，一朵花；看别人，豆腐渣"。本着这种"我好，他不坏"的心态所建立的人际交往模式，必然会导致人际关系紧张。高估自我的典型表现具体如下。

①自我中心。

以自我为中心的大学生思考和做事都是从"我"出发，因此，具有很强的主观性，无法客观地看待自己并进行思考，因此，专横、霸道、不接受别人的批评。这会给其他人留下不良印象，对其没有好感，造成人际关系的不和谐。

②过分追求完美。

人的本能之一是健康向上，但过分追求完美容易导致自我适应障碍。追求完美的大学生对自己要求很高，期望自己可以事事做到完美，却忽视实际情况。他们甚至将普遍性问题看成自己"不完美"的表现，容易产生情绪障碍以及自信心低下、自卑等心理障碍。

③自我扩张。

自我扩张型的大学生往往在大学生活开始的时候在某些方面获得过成功，这些成功反过来强化了自我，形成了自我扩张。这些大学生的特点是容易冲动，情绪激动时难以自持，往往偶有一"得"就充满了"天将降大任于斯人也"的自满感，容易产生过度自大、看不起别人的心理偏差。

（2）低估自我

大学生自我评价过低正好与高估自己相反。这些大学生看不到自己的价值或忽视自己的价值，对自己缺乏信心，认为自己什么都不如别人。大学生的自我评价过低会导致其怀疑自己的能力，限制了他们对未来学业、事业以及美好事物的希望和憧憬，严重的甚至会挫伤情感，导致内心产生冲突。自我低估的典型表现具体如下。

①自我否定。

大学生自我否定的极端心理是青年初期的基本心理特征。这一年龄段的学生还未形成关于自己的稳固的形象，看问题往往比较片面和依赖外部评价。他们对于周围人给予的评价非常敏感和关注，一旦遭遇失败和挫折就会灰心丧气、怯懦自卑。

②过分从众。

在群体生活中，个体往往会在群体的压力下放弃自己在感知、选择、判断、信仰和行为上的想法和主张，往往与群体中的大多数人保持一致。这就是我们所说的"随大流"。大学校园中普遍存在的从众现象包括学习从众、爱情从众、消费从众、作弊欺骗从众等。每个人都有从众心理，但过于强烈的从众心态会阻碍心理的健康发展。

主观的我和客观的我的矛盾对任何人来说都是不可避免的。从古至今，不知道有多少著名的历史人物因为得不到同时代人的公正评价而悔恨终身，这种矛盾对大学生来说更加突出。大学生由于受个人的出身、教育程度、经历和个人的社会地位的影响，很难客观地、全面地审视和评价自己，而另一些人则可以从不同的情境、不同角度来审视和评价大学生。因此，大学生主观的我与客观的我之间的矛盾是不可避免的。

2. 自我体验的偏差

自我体验即个体对自己是否满意，如果满意就意味着对自我的肯定和充分的自信，不满意则意味着自我否定和垂头丧气。人类的自我意识的实现通过自省和他人的反馈，这是一个穿越时空的过程，因此，这里存在着两对相互影响、相互交织的矛盾：一是主观的我与客观的我的矛盾，主要来自"自省"与"人言"的不同；二是现实的我与理想的我之间的矛盾。现实的我是真正的我，是经过自己和他人的评价后的我；理想的我是在经过自己和他人的评价和要求之后，个体最向往的、虚拟的我。从人本主义的角度出发，这种矛盾从根本上来说是源于人的自我成长和发展的要求。从社会学习理论来说，这种矛盾产生于人们之间的相互比较。这种比较可以是现实生活中的你、我、他之间的比较，也可以是文学作品和历史中的他（她）与现实的我之间的对比。通过比较就会有一个学习的榜样，这个榜样可以跨时空、跨文化。自我体验偏差主要包括以下几个方面。

第一，孤独感。孤独感的出现主要是由于主观的我与客观的我不一致，缺乏与他人的思想认识和情感共鸣而引起的状态，是一种消极的自我体验。一方面，由于年龄的不断增长，大学生与同龄人、长辈之间的交流渐渐减少；另一方面，由于个性的分化和形成、思想的深化，这些人更渴望与知心朋友进行深层次的交谈，产生深层次的情感共鸣。当这样的要求不能满足时，他们往往会感到孤独。

第二，自卑和自负。这两种自我体验偏差都属于自信误区。一般而言，现实的我和理想的我是不一致的，两者之间有一定的差距。对二者之间的距离如何看待，直接影响自我体验的好坏。当人们对缩短两者之间的距离充满自信时，就会有很好的自我体验；但如果过于自信，就会出现自我感觉太好，甚至会出现傲慢、狂妄、自大、任性的行为。相反，当一些大学生把现实的我和理想的我进行比较时，他们体验到了一种太远的距离感，认为自己无法缩短距离，他们感到失望并逃避，这就是自卑产生的原因。自卑和自负会对大学生的心理发展和人格成熟产生重要的影响，是一种不容忽视的自我意识缺陷。

3. 自我控制的偏差

自我控制是个人对自己的控制，即常说的"自制力"，主要指的是自我控制的能力和水平。情绪、行为等都可以表现出自制力的强弱。自制力强的人往往会对自己的情绪进行克制，做事有目的、有计划，有着明确的自我发展方向；自制力弱的人往往会不分场合地发泄情绪，他们的表情是"晴雨表"，他们的行为具有"情境性"。积极的自我控制的主要特点是自制、自律和自觉，而消极的自我控制的特点是自暴自弃、懒惰和叛逆。自我控制偏差表现在以下两个方面。

第一，自我放弃。大学期间，个人可以自觉地、主动地进行自我控制，但在追求进步的同时难免会遇到困难和挫折。这使得很多大学生有很大的情绪波动，害怕面对困难，从而自我放弃。一些大学生认为，寒窗苦读十余载，上了大学终于可以放松了，不再愿意埋头苦读，把"60分万岁"作为自己的信条，他们面对很多课程不及格和重修的情况也无动于衷。

第二，逆反心理。逆反心理是大学生自我意识发展中的非理性产物。个体在生理基本成熟、心理迅速走向成熟而又未真正达到成熟的时候，渴望在思想上、行动上乃至经济上尽快独立，从而具有很强的独立意识和批判精神。大学生正处在这样的时期，但这个时期，他们的智力发展虽已达到成熟，但阅历有限、感性经验不足，情绪表现富有两极性，易于感情用事，以至于易形成偏见。当这种偏见与现实生活碰撞时，就很容易出现偏激的行为。存在这种心理的大学生往往对师长的教育或周围的正常事物持消极、冷漠、反感甚至抗拒的态度，行为往往表现出越是禁止的东西越是感兴趣，越是不让做的事越要做。这部分人在网络社会中喜欢搜寻具有刺激性的信息，言行容易失控甚至可能走上犯罪之路。

（五）大学生健康自我意识的培养策略

心理健康的重要标准之一就是具备健康的自我意识，健康的自我意识对人的发展有着重要的作用，是自身存在的一种机制，对人的发展起着重要作用。正确的自我意识对我们的心理健康有益，能恰当地规范自己的行为，实现自己的义务和责任，获得全面发展。

自我意识的健康标准是：第一，具有健康自我意识的人有自知之明，了解自己的优势和劣势，并能对自己做出正确评价。第二，具有健康自我意识的人能够协调好自我体验、自我认知和自我控制。第三，具有健康自我意识的人能够积极肯定自己，保持独立自主，与外界保持一致。第四，具有健康自我意识的人具有和谐统一的理想自我和现实自我，具有积极的目标意识和自省意识。健康自我意识的具体培养方法如下。

1. 正确认识与评价自我

认识自己是人类从古至今永恒的话题。形成健康自我意识的基础是正确认识和评价自己。一个人如果能对自己有比较全面的、客观的认识和评价，就能扬长避短，不断发展自我和完善自我。正确认识和评价自我有以下三种方法。

（1）比较法——从我与他人的关系中认识自我

别人是自我反省的镜子，与他人沟通是个体获得自我认识的重要来源。人们先从家庭感情扩展至友情，再体会到进入社会后人与人之间的利益关系。有自知之明的人可以从这些关系中向他人学习，获得经验，然后根据自己的实际情况和需要去规划自己的未来。但与他人比较时要注意比较的参照物。

①自我和别人的比较是行动前的条件还是行动后的结果？大学生进入大学进行学习和生活，如果认为自己是农村来的，条件不如别人，就会把自己放在不对等的位置，这会严重影响自我的心态和情绪。但是毕业后看到行动后的成果对大学生来说很有意义。

②和人比是相对标准还是绝对标准？是一个可变的标准还是一个不变的标准？大学生常常认为自己不如别人。事实上，他们关注的点可能是不变的条件，如家庭背景、身高等，这些都没有比较的实际意义。

③比较的对象是谁？是与自身条件差不多的人或是自己心目中的偶像，还是一个很自卑的人？因此，为自我意识建立合理的参照系和立足点就显得尤为重要。

（2）经验法——从我与事物的关系中认识自我

从我与事物的关系中认识自己，就是从做事的经验中去认识和了解自己。普通人通过自己的努力取得成就和社会经验，这些都是学习。学习成败与否，其经验的价值也因人而异。对善于运用智慧的聪明人来说，成功和失败的经验都能促使他们学到东西，助力再次成功，因为他们了解自己，有很鲜明的个性特点，善于学习和总结经验教训，所以他们可以避免再次失败；而对一些脆弱的大学生来说，失败的经历可能使他们更加失败。因为他们不能从失败中总结经验、吸取教训、改变策略，在失败以后他们产生一种对失败的恐惧，不敢面对现实并再次去应对困难或挑战；对一些狂妄的人来说，成功可能成为失败的根源。如果幸运地获得成功，他们可能会感到骄傲和傲慢，他们会高估自己未来做事的能力，进而遭遇更多的失败。因此，一个大学生从成败经验中获得的自我意识也要进行认真分析和筛选。

（3）反省法——从我与自己的关系中认识自我

人们可以从以下几个"我"中理解和认识自己。

①自己眼中的我。个体自身对自我的实际观察，比如身体、性别、容貌、年龄、气质、性格、职业、能力等。

②别人眼中的我。在与其他人交往的过程中，在他人的态度和情感中了解自我。

③自己心中的我。主要指的是自己对自我的一中期盼,就是理想中的我。

人们可以从以上三个方面对自我进行全面的、多角度的认识。

2. 积极地悦纳自我

培养和形成正确的自我意识的核心和关键就是悦纳自我,一个人要先接受自己,才能被别人接受。悦纳自我,就是认清和肯定自己的真面目,对自己的优势和劣势进行冷静、全面的分析,保持乐观向上,用积极的、发展的眼光看待自己。在自我悦纳的基础上培养自信、自强、自立和独立的心理素质,从而获得更好的发展。大学生形成积极接纳自己的心态,具体从以下几个方面入手。

(1) 从现在开始,无条件地、完全地接受自己

首先,以一种诚实的态度,列举出至少十个自身的优点或喜欢自己的地方;然后,以诚实的心态列出不喜欢自己的地方,标记出可以改变的地方,试着去接受自己不喜欢但又无法改变的缺点,并发誓要改正所有能改的缺点;最后,要相信自己是一个有价值的人。

(2) 不要过分追求完美,也不要对自己要求太高

过分追求完美和过分苛求自己,会使人意志消沉、心情压抑,会导致行为退缩,不敢展示自我,最后伤害人的自尊心,导致内在的自我排斥。古人云:金无足赤,人无完人。要敢于承认自己的不完美,接受自己所有的优点和缺点,接受真实的自己,以积极的心态最大限度地将自己的潜能转化为优势。

(3) 形成和巩固良好的自我意识和自我感觉

找出自己最近(一年之内)做过的比较成功的事情,用心体会当时成功的、喜悦的心情,庆祝胜利;对自己各方面的发展及时了解和把握,肯定自己的能力;记录他人对自己的正面评价和态度,以此来增加自信心;要把注意力集中在自己的优点和成功上,而不是放在自己的缺点和失败上,这有助于形成和巩固良好的自我意识和自我感觉,接纳自己。

(4) 从错误和失败中学习,永不言弃

一个人从不犯错、做什么事都成功是不可能的,可怕的不是错误和失败,而是自己被错误和失败打败了。对自己的错误和失败要冷静、理性地处理和看待,从中吸取经验教训,不要因为个别的错误和失败而全盘否定自己,要永不言弃,始终对自己充满信心。

3. 有效地控制自我

自我控制是一个心理过程,即一个人积极地、有目的地改变自身的心理特征和行为。良好的自我控制力是培养良好自尊和自我发展的关键。一个缺乏自制力

的人是情绪化的,是缺乏抗压力的,是生产力低下的。没有意志力,就不可能有效地监督和控制自我。只有一个拥有健康意志的人才能有效地控制自己,从而达到个人理想的状态和境界。因此,每个人都应该从培养健康的意志开始,提高自身对失败的容忍度,提高自我控制能力,以实现自我价值,将理想的自我与现实的自我联系起来。

对大学生来说,要想有效地控制自我,应该做到以下几点。

(1)自觉进行自我监督

自我监督,一方面是根据"理想自我"的要求,考察"现实自我"的状况和"理想自我"的差距;另一方面要自我反省,在自我的潜意识中投射进现实世界中的自我,目的是做出对自己有利的决策和指示。曾子曾说"吾日三省吾身",这就是一种自我监督活动。没有自我监督和反省,人就无从实现自我完善。

(2)树立合乎自身实际的目标

设定一个与自身实际情况相适应的目标,创造一个合理的理想自我。在充分了解自我的基础上,要求实现的目标与自身的实际需要、实际能力相对应,而不是对自己要求过高,服从于他人的要求。重要的是,学生要清楚地知道自己的期望是什么,以及这些期望是基于自己的能力和需要还是基于其他人的期望。只有明确了这一点,一个人才能对自己的未来有所了解,规划自己的方向,并最终确立一个本来面目的自我。

面对现实,确定符合自己实际的奋斗目标,把远大的理想分解成一个个远近高低不同的子目标,由近及远,由低到高,慢慢一步步地实现。实现的关键是每个小目标都符合发展的路径,最终可以达到未来的目标,否则在完成的过程中会存在一定的心理压力。

(3)培养坚强的意志

坚强的意志是自制力的支柱,具有坚强意志的人可以为实现最终目标自觉地控制自我,不急功近利,不为外界所诱惑。而意志力薄弱的人就好像失灵的闸门,对自己的言行不能起调节和控制作用。

列宁是一个自制力极强的人,他在自学大学课程时为自己安排了严格的时间表:每天早饭后自学各门功课,午饭后学习马克思主义理论,晚饭后适当休息一下再读书。他过去喜欢滑冰,但考虑到滑冰比较疲劳,使人想睡觉影响学习,就果断地不滑了;他本来喜欢下棋,一下起来就入了迷,后来感觉太浪费时间,又毅然戒了下棋。滑冰、下棋都是一些小事,只是个人爱好,但是要控制这种爱好,没有毅然决然的果断性是办不到的。就像很多人都知道吸烟有害健康,但是一次次戒烟都以失败而告终。所以，如果没有坚强的意志，连一些很小的事情都做不好，大事就更做不好了。

（4）用理智战胜感情

对事物的认识越正确、越深刻，自制力就越强。古希腊数学家毕达哥拉斯说："愤怒以愚蠢开始，以后悔告终。"所以对自己的言行失去控制，最根本的原因就是对自己粗暴作风的危害性缺乏深刻的认识，因而对自己的感情和言行失去了控制，造成了不良的影响和后果。

4. 不断地超越自我

健全自我的过程也是一个塑造自我、超越自我的过程。对大学生而言，超越自我更是终身努力的目标。在行动上，无论是做事情还是与人相处，都应该竭尽全力，并且将能动性发挥到极致。

自我完善和超越并不是可以一下子蜕变的过程，它需要付出艰苦的努力和高昂的代价；它也是一个全新自我的形成过程，从小小的自我过渡到更为广阔的自我，从昨天的自我到今天的自我再到明天的自我。对目前的自己进行客观的评价，争取实现更好、更完善的自己，成为独立、独特、最好的自己。

在注重自身的前提下不要故步自封，而是根据社会发展的要求不断对自身进行完善，注重自己的发展。但是不能仅仅局限于追求个人自我价值的实现，而是把自我价值实现的过程与为祖国现代化建设做贡献的过程统一起来，在为他人和社会的服务中实现真正的自我价值。

超越是一种境界，更是一个过程。只有坚持正确的方向，本着科学的态度投身于火热的社会实践中，辩证地看待社会、分析自我、把握自我，才有可能最终超越自我。

第二节 学校层面的预防措施

一、加强大学生心理健康教育与心理辅导

（一）加强大学生心理健康教育

1. 当前心理健康教育课程教学存在的问题

受历史与文化的影响，心理健康教育一直没有得到高校应有的关注。很长一

第三章 新时期大学生心理危机的预防措施

段时间，不少人片面认为心理健康教育等于心理咨询，所以一直把这门课程当作选修课程。近年来高校开始将这门课程当作必修课程，而且开设心理健康教育课的学校逐步增多。为保证教育目标的达成，教育部门以及教师积极调整与优化教学模式，也因此获得了很多的优秀成果，但是因为缺少前期阶段的经验与方法积累，在实际课程教学中仍旧运用传统灌输式的教学方法，将教师作为课堂教学的中心，很少涉及课程互动及教学体验的内容，降低了学生的课堂参与度，也让学生对课程内容的感知处在较浅层次，无法获得良好的教育教学效果。

①教学形式陈旧落后。当前的高校心理健康教学存在明显的理论化及学科化特点，不少教师运用照本宣科的方法完成课程教学，只是把与心理健康相关的知识教授给学生，而不是让学生获得与心理调整、疏导相关的技能。因为课程性质与教育目标存在理解方面的差异，不少教师会把心理健康教育课程当作普通心理课。

②在教学设计中将教师讲授作为主要的课堂实施形式。实际教学中并未确立学生的课堂中心地位，只是依照教师的课程理解完成整个教学设计，没有考虑学生的知识、技能掌握水平，更未涉及对学科规律的把握。教师在自行设计教学活动时没有真正了解学生的现状与心理特征。所以从整体上看，大学生在实际教学中的地位较低，没有确立以学生为中心的教学模式。

③课堂上师生沟通的频率非常低。在许多课堂上，教师采用以讲授法为中心的方法，即教师站在讲台上不停地向学生输出内容，但学生只是被动地接受，没有很好地参与进去，只是不断地吸收教师提供的内容。如果教师和学生之间沟通和交流的频率过低，教师在教学过程中缺乏对学生学习的跟踪，就很难确保学生的自我激励和积极性的提高。部分学生甚至在上课时间做别的事情，把心理健康教育课程变成了老师一个人的"独角戏"和学生的"游戏场"。

④情感上的价值比较低。教师在课堂上不承认学生的主体性，不能让学生吸收感兴趣的内容，所以学生学习上的积极情绪无法被唤醒，学生无法产生参与课程的兴趣，一些学生认为心理学是无用的，由此产生了消极的看法。在这样的课堂上，学生只有理论上的知识，而在实践中得不到运用和巩固，其结果是学习的质量无法提高。

2. 大学生心理健康课程教学思考

为切实发挥心理健康教育课程的积极作用、保证教学效果，需要了解课程性质，对课程教学内容进行补充和拓展，创新教学策略，积极运用过程性的教学评价方法。

（1）关于课程性质

对于这门课程的性质，不少教师并没有清楚、准确的认识。现今的高校心理课程在构成方面复杂度高，有心理学的专业课程，也有针对心理健康与发展的课程。不同类型的课程在提升学生心理素质水平方面发挥的作用也是不一样的。因为教学覆盖面与内容的侧重点不相同，心理学的专业课与选修课无法直接作用于学生全体，在这样的情况下设立心理健康教育必修课，可以有效转变"零敲碎打"的教育局面，起到全面助推心理健康教育的积极作用。所以有效把握这一必修课程的课程性质，并将其变为提升学生心理健康水平的坚实阵地，是一项非常关键和必要的工作。

为确保教学目标的达成，高校应该把心理健康教育专兼职教师当作课程教学的主力，也可以由心理健康教育中心负责开设课程，将课堂教学当作心理健康教育不可或缺的组成部分，以更好地发挥课堂教学的功能。假如由人文社科部门或心理学院（系）负责课程教育工作，在课程管理与教学组织上会非常轻松，但与具体工作的结合难度较大，很容易将课程变成知识类课程或公共类课程。

（2）关于学习内容

开设心理健康教育必修课的目的是引导学生了解心理健康，发现和推广心理健康知识，引导学生学习心理健康调节的基本技巧。这是重要的学习目标，而不是把学习目标看作单纯理论知识的获得。因此，课程的组织和其他环节也应考虑这个关键方面。

学习内容的组织应注重学生的心理健康，使他们能够有效地利用课本和学习材料获得最基本的知识和自救技能，做到以学生为本。

（3）关于教学方法

具有创新意义的体验式教学法是指教师根据学习内容和目标创设科学的情境，调动学生的兴趣，激励学生利用实践经验和感知力，完成知识建构、能力培养、情感唤起、意义建构和自我完善等一系列学习、获取和内化过程。

体验式教学是区别于传统教学的一种创新策略，其最为明显的特征是把学生放在中心地位，让学生在亲身体验当中收获知识、体验情感。在具体的教学实践中，教师有意识地给学生营造真实的情境，提供相关的案例，让学生从中获得更加深入的认识后，与自己已有知识背景结合起来，在积极反思当中形成结论，促进新知识的生成，完成从感性到理性认识的转变，实现个人认知体系的内化。

心理健康教育课程教学要求学生在实际学习中结合课程内容，主动深入地进入心理世界，认识、探索、提高自我，积极尝试和深刻体验，利用个人的亲身经历更加深入地掌握心理健康方面的知识，收获心理调节中的技能技巧。在主动掌握知识的进程中感知生命价值，从而收获成功与喜悦。

（4）关于考核形式

目前，心理健康教育课程考核与思政理论课程考核大致相同，虽然也会对日常成绩提出要求，但是不少教师只是关注学生的出勤记录，没有将日常成绩和考试成绩区分开来。成绩的考核评估把期末考试成绩作为主要标准，忽略了教学的过程性、发展性。教学考核与评价指标比较单一，将实际知识掌握程度作为主要的考核标准，根本没有办法真正测试出学生的助人与自助能力，也不能了解当前学生的心理健康水平。

考核的形式对课堂教学有一定的积极作用，如果不彻底改变考核和评价体系，将很难真正激发学生的自主学习兴趣。考核和评价是教学的一个重要组成部分，必须为教学目的服务。为了全面地评估学生，要摒弃以期末考试为基础的旧的评估方法，注重学生在课堂上的表现、小组工作、家庭作业和其他重要内容。即使在期末考试中，问题的表述方式也需要调整，从而减少重复性问题的数量、增加应用性问题的数量，以测试学生应用知识的能力。

3.心理健康教育课上实践体验式教学法的注意事项

体验式教学法改变了过去填鸭式的教育策略，明显增加了学生对课程的好感度，也激发了学生的学习积极性与课堂参与度，使得师生关系更加密切，不仅帮助学生收获了丰富的知识和技能，还加深了学生对心理健康的认识，让学生对心理健康有了更高的接纳度。

在心理健康教育课程教学中，不仅要关注体验式教学法的应用，还需要结合学生的心理特征与课程性质等实际情况进行多方面的实践探索，进一步优化和丰富教学方法，提升教育教学的有效性。

①激发学生学习热情。体验式教学法对教师提出了更高的要求，教师也要为此付出更多的时间与精力。为了提升学生参与教学的主动性，教师需要进一步完善与拓展教学内容，运用学生自身的诸多资源与条件，激发学生参与课堂教学活动的热情。教师还需要多组织、开展合作性、互助性等学习活动，使学生成为课堂学习的主人。只有唤起学生的学习热情，才能让学生真正爱上心理健康教育课，并在课程学习中付出更多时间与精力。

②教师个人需要获得成长。教师需要摒弃原有的授课形象，把握体验式教学法的应用要求，并以此来提升与完善自己。教师要努力转变个人角色，成为课堂教学的组织者与引领者，而不是帮助学生解答问题的人或是教学的权威。教师的

专业化成长不但涉及知识、技能水平的提升,还需要在心理方面进行强化,提升心理自由度。体验式教学法的应用要求教师清楚洞察个人价值观,避免让自己成为学生学习的指挥者及评论者。

③健全教育教学管理制度。现如今的高校学生有着积极活跃的思想,同时还具有价值多元的倾向。体验式教学法要求学生有很强的自觉性,从而进行有效的自我约束,才能真正发挥体验式教学法的应用优势。如果教师缺少对课程教学的管理,又不能运用科学化的引导策略,就会让课堂教学陷入混乱状态,从而影响目标的达成。所以,教师要积极完善教育教学管理制度,对课堂教学秩序进行约束,对学生进行科学化管理。

总之,在心理健康教育课程中使用体验式教学法可以对教育教学进行更加完善的创新和改革,提高学习质量,提高师生之间的交流效率。为了更有效地组合这两个领域,需要不断努力改善课堂组织形式和教师的质量。

(二)通过心理普查识别、评估危机征兆信息

应将提高组织学生参加学校的年度心理健康调查的普及率,对调查中发现的有风险的学生进行访谈,帮助他们减少心理困扰和压力;并对有心理危机征兆的学生进行监测,以提供早期预警,及早发现心理问题,预防危机。

(三)积极提供多形式的心理咨询服务

学校应坚持"面向全体、面向个人、面向预防、面向发展"的原则,努力为学生提供一系列的心理支持服务。教师应主动与有心理问题的学生、特殊家庭,比如孤儿、单亲、有重大变故等问题的学生以及有特殊困难的学生进行交谈,了解并掌握他们的心理状况和特殊困难情况,起到提供心理帮助和支持的作用。利用网络资源和各种平台为学生提供专门的咨询渠道,并对他们的不同需求做出回应,这一点非常重要。此外,对于被诊断出有严重心理障碍或精神疾病早期症状的学生,应及早将其转到专业机构进行治疗,以有效防止精神疾病的不良发展。

二、建立大学生心理档案及危机预警信息报告制度

为了达到发现潜在的或即将发生的心理问题的目的,大学校园中应根据心理危机的机制建立学生心理危机预警报告系统。在这个阶段,一定要加强学生的心理素质教育和预警信息系统建设,以便有效地从源头上及时发现并解决心理问题。

第三章　新时期大学生心理危机的预防措施

（一）大学生心理档案的建立原则

1. 科学性原则

首先，测量工具的选择应该要符合科学性原则。目前，国外的量表在中国普遍使用，如症状自评量表（SCL-90）、身心健康量表（UPI）、抑郁自评量表（SDS）、卡特尔十六种人格因素测验（16PF）等。这些量表已经取得很多成果，有良好的可靠性和有效性。然而，由于这些量表是直接从国外引进的，并不是专门为大学生设计的，其结果可能存在一定的偏差，需要在测量后重新分类和验证。

其次，对收集的信息要客观、公正地对待。对收集到的信息要进行分析，对学生的行为进行总结，所记录的数据要客观、公正地反映学生的个性心理特征和心理健康状况，不能从主观上对学生的心理状况进行推断，也不能对某些材料和文件进行增删和修改。结果的统计和后续结果的解释应该由专业人员进行分析和说明。

最后，应使用高科技手段对数据进行收集、储存、分析和管理。对大学生心理数据应积极采用现代管理手段作为管理的基础，以促进相关信息的提取、分析和修改，最终达到高效率的目标。量表可以转化为软件，方便普查工作；现代统计分析软件，如 SPSS 可以用来分析数据；特别是档案管理，传统的行政工作是困难和复杂的，档案存储的数字化已经成为档案管理工作的发展方向。

2. 保密性原则

与一般人事档案不同，大学生的心理档案不能作为评估学生行为的依据，也不能随意向教师、家长或同学透露，心理档案的内容属于学生的隐私，其中的内容应当只有学生本人可以查看，除非是心理专业人员的调研活动或者学术活动可以作为资料使用。一个合格的危机干预专业人员必须加强自己的职业道德和道德操守，保持档案的保密性，尊重学生的心理健康状况，并保持教师和学生之间的信任关系，这是他们的责任。为了做到严格规范、妥善管理，学生心理档案主管部门必须制定心理档案管理细则，明确分工，明确心理档案的收集、整理、借阅、保管以及报告措施的落实。

当然，在紧急情况下，保密原则也必须具有灵活性。例如，如果一个学生的心理状况恶化，并可能危及自身的生命或其他人的生命，必须及时分享信息内容，以便所有的平台和官方人员能够共同监测情况。

3. 动态性原则

动态性原则有两层含义。一是是要同步更新文件中的信息。除了每年对新生入学时的心理健康状况和人格特征进行全面记录外,还必须在建档后对学生的心理发展动态进行监测,随着学生的成长更新档案信息,每学年对关键群体进行监测和测量活动。二是不仅能够从动态和变化的角度分析和理解问题,而且还能够从发展的角度解决问题和预测结果,提高防患于未然的意识和水平。这要求专业人员具有较强的洞察能力和预见能力,以积极的态度指导和帮助学生,创造条件促使其成长和发展。

(二)大学生心理档案的危机预警功能

危机预防工作者通常不与学生定期接触,班主任和辅导员也不能及时发现学生的心理问题,而心理档案中的特征分析则可以通过定期的特定心理测试在早期发现学生的心理问题,为危机预防提供重要的早期预警信息。心理危机工作人员应组织对有筛查风险的群体进行进一步的心理评估,将其与学生的生活、学习等方面联系起来,以期最终确定预警目标群体,并根据情况为他们提供差异化的服务,做到对每个个体的情况进行充分的分析。根据既定的心理筛查准则,筛选出可能存在严重心理问题的学生,由学校学生咨询部门主动出具录取通知书,并邀请这些学生参加心理咨询面试,由经验丰富的咨询师或心理咨询专家根据谈话的结果重新进行心理评估和考核。

首先要指出的是,对学生精神障碍的鉴定是一项十分谨慎的工作,不应掉以轻心,不能基于单一的测试、单一的量表,最重要的是不能基于单一的指标得出武断的结论。由于实验过程中存在许多不确定因素,必须对数据进行反复验证,而不是任意根据一次的结果给学生"贴标签",一切的结论应该在和学生多次面对面谈话之后再下定论。

根据调查和访谈的结果,将学生的总体心理素质报告给上级领导,以便辅导员或班主任清楚地了解情况,有意识地关心这些心理存在问题的重点群体,为他们提供心理上的帮助和支持,帮助他们尽快适应大学生活,无论是学业方面还是个人的生活方面。帮助学生分析心理问题产生的原因,帮助他们改变对生活困难和成长危机的看法,共同制定并实施具体方案和行动。用不同的方式帮助他们减少或预防各种心理障碍,并在灿烂的大学生活中体验快乐。

三、构建"班级—学院—学校"三级危机预防预警工作网络

想要把大学生心理危机预警工作做好做细,不仅要建立大学生心理档案,对重点人群进行及时筛查和数据分析,还要完善大学生心理危机预警信息的传递和

报告制度。建立一个由学生、辅导员和专业人士参与的三级预警网络，促进教师和学生参与学校危机干预工作，并将报告、筛查、监测、跟踪和反馈结合起来，以及早发现、预防和及时咨询。

一级网络：主要是学生骨干。要教授大学生特别是学生社团危机预防和干预的基本知识，充分发挥班级学生干部和学生社团的作用，加强学生之间日常思想感情上的联系和沟通，在突发事件发生时能够早发现、早报告，把可能出现的心理问题扼杀在最初的状态。对于接受危机干预的人员，学生干部要做好心理跟踪的工作，经常关心当事人后续心理的发展状况，帮助当事人顺利应对危机，恢复心理功能和心理平衡；如果发现异常情况迅速进行反馈，避免事态的进一步恶化。现在许多大学都有班级心理委员，专门负责识别、报告、监测和跟进本班学生的心理危机，并充当宣传员、观察员、辅导员和危机预防管理员。

二级网络：主要是院（系）的辅导员和学生导师。班主任和辅导员应定期接受心理健康和危机预防方面的培训，对不同心理问题的症状有专业的了解，及早发现学生心理方面的问题，与学校的危机预防中心进行联系和沟通，尽可能早地实施预警的措施，并负责与学生家长联系。

三级网络：主要是学校的专业心理健康教师和助工。在适当测量的基础上，危机应对机构将监测和记录高危人群的信息，并向各院（系）的辅导员发送预警信息，鼓励他们帮助跟进和监测。对于有严重危机倾向的学生，危机应对小组应安排与他们进行一对一的会谈，帮助他们缓解不良情绪、减少压力，降低危机发生的可能性。如果学生被诊断出患有精神疾病，其应被转介到更加专业的机构进行治疗，比如当地医疗机构等。

四、整合各方面教育资源，构建大学生社会支持系统

（一）帮助学生构建来自高校教师队伍的社会支持系统

特别是，教师应向学生提供文化和思想上的支持。在高校中，教师的职责主要集中在教学上，他们很少在学生的精神和心理引导上发挥相应的作用。事实上，与讲师相比，对本学科有深入了解的教师能更好地为学生服务，引导他们走向未来，帮助他们确定个人的工作方向。这将帮助学生理清思路，积极改变学习计划，避免分心，有效利用时间，提高实现目标过程中学习的效率，追求自我发展。因此，学校应鼓励教师在"教"的同时承担起"以德育人"的责任。他们应该在课堂上或课后与学生互动，消除学生的任何疑虑，从不同的角度引导学生的心理发展，并为他们展示自我发展的正确空间。

（二）帮助学生构建来自学校管理队伍的社会支持系统

校园中的管理力量也对学生的发展有重大影响。管理的时候应分层次、有区别地帮助和指导具有不同特点的学生群体，需要提供支持的时候应该根据学生的实际发展情况进行分析和评估。管理团队社会支持的关键领域应包括以下几个方面。

1. 经济支持

社会支持的一个重要方面是经济上的支持。经济贫困是造成学生心理问题的一个重要因素。学校领导班子要关注贫困学生的经济和心理状况，与学校后勤部门协商，创造适合学生们生活的环境，给家庭经济困难的学生提供劳动机会，帮助他们找到解决困难的方法和途径。例如，打扫学校食堂、教室和教学楼卫生，组织会议、办公室工作等都可以由学生来负责。

2. 交往支持

人们需要一种归属感，而当这种归属感缺乏时，往往会造成心理上的困扰。良好的人际关系在预防心理问题方面发挥着尤为重要的作用。学校领导及指导教师应该对每一个学生施以援手，特别是那些性格内向的学生，及早了解他们的需求，并将他们的关心和爱护传达给学生，以避免因缺乏情感和人际关系支持而造成心理动荡。相关工作人员还应该向学生讲解他们在学习过程中可能遇到的沟通问题及其解决办法，宣传良好的人际关系对个人发展的价值，宣传积极解决冲突的理念，反对对学生进行分组和隔离，促进学生对人际关系的健康和谐理解。

3. 参与支持

根据社会支持系统理论的说法，身体和精神健康的保持可以通过参与更多的社会活动得以实现。参加大学活动也是对心理压力的一种缓冲，因为参加校园的各种文化活动是学生缓解压力的重要途径，很多心理问题都可以通过参加突出自己优势的活动得到缓解。周期比较长的体育活动可以促进心理健康，治疗身体和精神疾病。因此，学校应该开展广泛的二级活动，包括适合学生的娱乐活动、智能辅导和专门的兴趣课堂。

（三）帮助学生构建来自心理咨询专业人员的社会支持系统

心理支持是社会支持系统的最后一关，辅导员或专业的心理老师应该通过各种渠道为学生提供有效的社会支持。

1. 心理健康知识普及

传播心理健康知识应该是学校的一个优先事项，只有了解心理健康的基本知识，才能使学生发现问题并自主调节心理状态。事实上，所有的心理咨询都可以在帮助别人的过程中使自己的心理变得更加健康，即引导有心理问题的学生自己找到解决这些问题的方法。因此，对心理健康知识的了解是一个先决条件。学校可以通过各种方式向学生提供必要的心理学知识，如通过展板、公开课或必修课、心理学讲座和心理学小册子。

2. 生命价值教育

许多对有自杀倾向的学生的研究发现，自杀的主要原因之一是缺乏生活和人存在的意义。学生对生活和自身的反思不可避免地会导致思维混乱，如果不及时引导，会导致他们形成错误的价值观，并在这种错误观念的基础上做出对自己不利的决定。因此，价值观教育引起了大学心理健康老师和心理学专家的关注。对学生进行生命价值教育的有效方法是通过观看相关电影和海报，以及组织研讨会、集体咨询等。

3. 心理咨询和治疗

除了普通的心理教育之外，对于因突发事件，如学业、生活、恋爱或家庭危机而面临心理问题的学生，应及时给予心理辅导；对于已经出现问题的学生，应尽可能地当面进行辅导。如果学生有严重的心理问题，应立即将他们转到适当的专业机构和医院进行专业的治疗。

（四）帮助学生构建来自同学、朋友的社会支持系统

在大学校园里，除了教师之外，学生还与和他们朝夕相处的同学有更多的人际关系上的往来。一些研究发现，当学生体验到更多的社会支持时，他们会有更高的自尊水平，对自己的评价也会提高。这反过来又会促进产生积极的自我概念，从而提高他们的主观幸福感，最终提高他们的心理幸福感。

同学和朋友的支持与大学生的自尊水平和心理健康水平的关系最为密切，所以想要改善大学生的心理健康状况，同学和朋友的支持发挥着最为重要的作用。有研究显示，学生的社会支持来源主要分为五类：家庭、朋友、亲戚、同学和恋人。在五种最重要的社会支持对象中，一半以上是朋友、同学和恋人，而且这三种都是学生的同龄人，说明同龄人的社会支持非常重要。

综合看来，学生在改善心理健康的过程中，应努力学习如何处理来自学校、

家庭和社区的不同类型的社会支持,并充分利用社会支持在改善自身心理健康方面的积极作用和实际效益。当面临心理健康问题时,首先要学会增强自己的独立性和责任感,在心态上达到平衡的状态,顺利解决心理上的问题;并且能够在问题解决过程中锻炼成长,提高心理免疫力和心理问题应对的水平,最终能够以提高综合素质为目标,成长为全面发展的社会需要的人才。

五、加强心理健康教育知识的学习和研究

学校心理健康教育专职教师、辅导员、班主任是维护校园安全稳定的重要力量,这些相关人员必须进行心理健康教育理论知识学习与研究,并与实际工作相结合。只有不断学习和研究新时期大学生心理状况的特点和变化,才能不断提高工作的专业化水平,促进自身的成长成才,提高应对学生突发问题的能力,做到学生心理问题早发现、早治疗、早健康。

第四章 新时期大学生心理危机的干预策略

心理危机干预在国外高校被广泛应用,但我国高校对心理危机干预的开展和实施近些年才开始重视起来。因为大学生中患心理危机的人数逐年增加,高校建立起全面的学生心理危机干预机制是非常重要的举措。本章主要介绍了大学生心理危机干预工作机制的建立、大学生自杀干预策略、心理危机干预中心理咨询方法的应用三个方面的内容。

第一节 大学生心理危机干预工作机制的建立

大学生心理危机干预工作不是一项简单的工作,而是一项复杂的、系统的任务。我们有必要深入研究大学生心理危机的干预策略,在高校建立科学的心理危机干预体系,通过丰富多样的形式构建大学生心理危机干预的长效机制。

一、大学生心理危机干预体系构建

构建心理危机干预体系涉及机构的设置、制度的建立等内容。而构建大学生心理危机干预体系最基本的工作就是建立危机干预中心、划分各部门的职责、明确各部门的分工、建立完善的运行机制。

(一)建立大学生心理危机干预中心

应该合理规划大学生心理危机干预中心的组织结构,在其组织结构中设立危机快速反应小组和心理咨询室。危机快速反应小组的主要职责是在突发危机状况下快速反应、快速行动,最大限度地减少危机的危害;心理咨询室的主要职责是普查大学生的心理状况,为大学生建立心理档案,时刻关注大学生心理发展动向，重点监控普查中的高危人群，通过预约来访的方式解决大学生的心理问题。

综合来看，预防危机和干预危机是大学生心理危机干预中心的主要职能，具体包括以下方面。

①普查大学生的心理健康状况，为在校大学生建立心理健康档案，时刻关注大学生的心理发展动向，及时评估、诊断筛选出心理危机高危人群，并对高危人群进行预警。设立相应的高危人群干预对象档案库，定期对这些人进行追踪观察，及时发现问题，并为其提供指导和帮助。

②丰富教育手段，不断增强大学生对抗心理危机的能力。在大学生群体中开展心理健康知识宣传普及活动，促使大学生认识自身、了解自身，认识到心理健康的重要意义，帮助大学生树立心理健康意识；向大学生群体传授心理调适的方法，引导大学生进行心理调适，消除心理困惑，解决心理问题，提高对挫折的心理承受能力；分析大学生心理异常现象，让大学生了解心理常见问题，深入分析产生心理问题的原因以及心理问题的主要表现，科学对待心理问题。

③在大学生群体中开展心理危机救助和自救的宣传推广活动，开展心理危机专题教育活动，引导大学生了解心理危机，知道心理危机的特征和主要表现，帮助大学生掌握一定的、行之有效的心理危机救助技巧，增强大学生求助和助人的意识。

④当发生危机事件后，及时为危机事件的当事人提供心理危机援助，同时帮助涉事学生应对心理危机。跟踪观察心理危机当事人，必要时为其提供援助服务，帮助当事人恢复心态平衡。

（二）完善大学生心理危机干预的运行机制

之前谈到了大学生心理危机干预工作是一项复杂的、系统的工程，所以只依靠危机干预中心的力量很难取得良好的干预效果。这就需要大学生危机干预中心建立更为广泛的工作网，同时保障运行机制的通畅，如此一来，才能增强大学生心理危机干预的工作实效，才能更及时地救助危机中的个体。大学生危机干预运行机制应以干预中心为枢纽，同时联系多方主体，比如校内学生处、校医院、校保卫处、辅导员和个体社会支持系统等，密切联系校外医疗服务机构、心理咨询机构、公安部门等。遇到危急的情况时，保证各个网络结点之间联系通畅，使得危机中的个体得到及时的预警、帮助和干预。

二、大学生心理危机干预的队伍建设

受过专门训练的心理咨询师是大学生心理危机干预工作的主要救助力量。高校对心理咨询师有着明确的要求,一方面要具备必要的专业技能和专业素质,另一方面还要具备一定的个人素质。

(一)专业危机干预工作者的个人素质

1. 道德素质

危机干预工作者要做到:

①诚实。言行一致是干预者最重要的素质。干预者需要做到情感体验和情感表达的协调一致,将所感与所言、所想与所为统一起来,真诚表达自己内心的想法。

②当事人利益至上。在大部分危机事件中,干预者应坚持"当事人利益优先"的原则,协调好理智与情感的关系。

③为当事人保密。在没有得到当事人书面许可的情况下,危机干预者需要为当事人保密,不能泄露当事人的资料。除非紧急情况,比如当事人有自杀或伤人企图,危机干预工作者才可以不履行保密义务。

④满足当事人知情选择权。在危机干预工作开始之前,危机干预者应该说明咨询目标和程序、咨询师的资格、之前是否有过实践经验等,并提供其他资源。

2. 自我反省能力

社会中的个体没有完美无瑕的,大多都受过心理创伤,危机干预工作者也不例外。这就要求危机干预工作者深入分析自己的创伤,了解这些创伤带给自己的潜在影响。例如,自我保护过度,不愿意和当事人分享;情绪波动大,容易把咨询工作当成自己发泄的出口;在当事人表现出"阻抗"态度时,不顾及当事人的情感表达,对当事人疏远、冷漠,伤害当事人的自尊和感情。

因此,危机干预工作者应具备时刻把控住自己的能力,尤其是面对心理弱势而敏感的当事人时。这也意味着危机干预工作者必须具备自我反省的能力,这一能力的培养主要依靠长时间的专业训练。对于那些非心理咨询专业毕业的工作者,比如学生政治辅导员、危机志愿者等,也需要提高自身反省能力,这样才能更好地进行危机干预工作。

3. 灵活性与敏捷性

时间在危机干预中是非常重要的因素，这是因为留给人们做出反应的时间不多，不允许人们慢慢思考。这就要求危机干预者能够快速反应和处理危机中不断出现的问题，敢于应对危机的挑战。在危机干预过程中不能局限于自己以往的经验，必须灵活和创造性地处理工作中出现的问题。

4. 丰富的经验

丰富的生活经验也是危机干预工作者应该具备的。复杂的生活经历丰富了危机干预工作者各种生活经验，在实际工作中灵活运用这些经验，可以让危机干预工作者在危机面前保持乐观、坚韧和坚强态度，有利于危机干预工作者合理配置自己的心理资源，为危机当事人提供更好的服务。

5. 镇定的心态和充沛的精力

危机干预工作者在应对危机时应保持镇定的心态。一些危机当事人可能出于一些原因失去理智控制，这就需要危机干预工作者保持镇定，及时掌控事情的发展动态，平复当事人的心理，营造理性的、稳定的环境，这非常有助于危机干预工作的开展。

此外，危机干预工作者还要具备充沛的精力，保持真诚、热情的态度，在工作时也要顾及自己的身体和心理的需求，及时调整自己的状态，以保证自己精力充沛。

6. 能够换位思考

危机干预工作者必备的个人素质还包括换位思考能力。危机当事人来自各行各业，受不同的文化的影响，拥有不同的社会经济背景，这些都会对危机当事人的行为和态度产生影响。这就要求危机干预工作者考虑国籍、民族、语言、种族、宗教等因素的差异，还要考虑男女、社会经济地位、教育、政治、家庭等人口学的因素。危机干预工作者要站在当事人的角度思考问题，理解其所处的现实环境，帮助当事人与家庭、单位、朋友等社会网络建立联系。

（二）重视对相关教师和学生的培训

大学生心理危机干预的主要力量包括学生的辅导员、班主任等教师群体和学生骨干群体。这些心理危机干预力量在提供预警信息、急性危机的临时救助以及自杀预防等方面发挥着重要作用。从这个层面分析，应该加强对相关教师和学生的培训，这也是高校危机干预系统工程中的重要内容。

第四章 新时期大学生心理危机的干预策略

以下罗列了一些在培训中应讲授的教师帮助有自杀企图的人的要点。

①适时表达关心，了解他们面临的困难，深入分析这些困难给他们带来了怎样的影响。

②保持冷静的心态，引导他们表达自己内心的想法，多倾听他们的诉说。

③具备耐心，不要轻言放弃。当交谈遇到问题时允许沉默的出现，可能沉默之后会出现重要的信息。

④要接纳他们，不要对他们做任何道德或者价值上的评判，至少不要让他们感觉到。

⑤不要怕拒绝。当你想要提供帮助时，他们很可能会拒绝，这是因为有心理危机的人有时不承认他们遇到了问题。

⑥不要试图说服他们改变自己的想法。

⑦最好别劝告他们，也不要试图找出解决办法，只需要站在他们的角度理解他们的感受。

⑧当你获得一些感受时，向他们说出你的感受，让他们知道还有其他人有这样的感受。

⑨对他们出现的强烈的情感反应不要担心，情感爆发或哭泣有益于他们的情感得到释放。

⑩大胆询问他们是不是想自杀，比如"你是否有过很痛苦的时候，以至令你有想结束自己生命的想法？""从谈话中我感觉到你遇到了非常困难的事，你有过自杀的想法吗？"，等等。询问一个人有无自杀念头不但不会引起他自杀，甚至有可能会挽救他的生命。但不要这样问"你没有自杀的想法，是吧？"

⑪对他们所说的话以及所表露出的任何自杀迹象表示相信。

⑫当他们想要你答应为他们的自杀想法保密时，不要答应。

⑬引导他们相信别人是可以帮助他们的，鼓励他们再次与你交谈，表明你愿意继续帮助他们。

⑭鼓励他们向其他值得信赖的人求助。

⑮让他们看到改变困境的希望。

⑯尽量取得别人的帮助，与你共同承担帮助他们的责任。

⑰当你觉得事情比较严重，他们需要更专业的帮助时，请提供转介信息。如果他们恐惧或抗拒寻求专业帮助，这时需要耐心倾听他们的诉说，向他们表明一般遇到这种情况的人都需要专业帮助。

⑱当你觉得他们即刻自杀的可能性很大时，需要立即采取措施制止他们：找其他人陪着他们；清理掉他们周围的危险物品；将人带到安全的地方；寻求专业人员的帮助。

⑲如果自杀行为已经发生，立即将其送往附近的急诊室抢救。

三、利用各种形式开展危机干预工作

危机干预的方式是多种多样的，可以通过个别干预、团体干预、电话干预、网络干预等进行。想要获取最佳的干预效果，最好将各种方式结合使用。

（一）个别干预

在危机干预中，最常见的方式就是个别干预，其也是最传统的干预方式。个别干预指的是危机干预工作者与当事人通过一对一的方式进行交谈。在心理危机比较严重或是当事人对保密性要求较高时适合选择这种干预方式。根据当事人的要求，或者按照危机的紧急程度，个别干预又可以分为上门干预、来访干预、在指定的地点进行干预三种形式，危机干预工作者可以根据实际情况进行选择。

个别干预有着重要的积极影响，通过个别干预能够营造良好的咨询氛围，使双方能够建立信任关系。对危机干预工作者来说，也方便其密切关注当事人。所以，个别干预的效果非常明显。但现阶段，国内专业咨询人员数量严重不足，难以大范围进行一对一的个别干预。这就导致虽然个别干预是主流的干预方式，但仍需要根据实际情况结合其他干预方式使用。

（二）团体干预

团体干预与个别干预是相对而言的。团体干预指的是将心理问题相同或相似的人组成小组，小组成员从几人到十几人不等。危机干预工作者同时对其进行干预，引导小组成员在团体内进行人际交互，将各自的紧张和焦虑分享出来，对自己的危机反应有一个深入的了解；同时可以观察别人的行为表现，从而达到反思自己的目的，通过反思、思考应对危机的策略，进而解决自己的心理问题。团体干预方式比较适合经历重大突发事件的危机人群。

在高校进行危机干预时，大多数情况下会采用团体干预的方式。比如针对大学新生的、以解决大学生活适应问题而开展的团体干预，针对毕业生群体的、以化解毕业生求职心理问题为目标的干预等，干预效果都比较理想。

（三）电话干预

危机干预中还有一种较为常见的干预方式——电话干预。实践证明，电话干预在有自杀企图的危机预防和干预方面发挥着积极作用。英国伦敦于1953年首次开通了电话心理咨询服务，美国1968年开启热线电话咨询服务。1987年，我国天津开设了第一部心理咨询热线电话，随后，"心理倾诉""午夜心语"等热线呈现百花齐放的状态。但稍有不足的是，这些心理热线电话咨询专业程度比较低，干预的效果不太理想，并且现阶段很少有真正从事专业心理危机干预的24小时热线电话。

电话干预的方式是边解答边记录，涉及的内容包括当事人个人基本情况、主诉、咨询问题、有无自杀倾向、危机反应、提供建议等。电话干预主要依靠语调、语气和语速等有声语言信息判断当事人的精神状态以及情绪的变化，无法观察当事人的表情、手势和姿态等非语言信息。这对危机干预人员的素质提出了很高的要求，危机干预人员需要具备高超的沟通技巧，还要具备一定的聆听能力、临场应变能力以及相应的判断能力。对于当事人的诉说，危机干预人员要耐心聆听，同时还要及时用语言附和和回应当事人，以向当事人表明自己有在关注。危机干预人员需要尽快了解当事人的处境，理解当事人的感受，对当事人表示接纳，鼓励当事人，并向其提供情感支持，从而使当事人树立信心，转变当事人非理性的认知。这时危机干预人员不要急于寻找解决问题的办法，更不要做没有把握的承诺，不要对当事人进行不切实际的安慰。

电话干预在危机干预中也发挥着重要的积极作用，电话干预具有更强的保密性和即时性，但也存在明显的不足。在进行危机干预时，最好把电话干预和其他干预方式结合起来使用。

（四）网络干预

作为一种信息技术工具，互联网有其独特的先进性。随着互联网的普及与广泛应用，为心理危机干预提供了广阔的空间，在此基础上诞生了各种心理咨询网站。如今，在互联网上，心理危机干预的实现主要采用网上聊天、电子邮件等方式。电子邮件有着不易丢失、快捷、方便等特点，特别是具有很强的保密性，其延伸了书信咨询形式，并对其进行有益补充。相较于使用电子邮件，网上聊天这种咨询方式则更加顺畅，具有即时性。当前，网上聊天这种网上干预方式得到了普遍运用。

大学生非常青睐网络干预。相较于其他干预形式，网络干预有着非常明显的优越性，如方便快捷、价格低廉，尤其有着较强的隐匿性。然而，网络干预也存在着不容忽视的弊端。当事人和危机干预工作者通过计算机界面进行文字交流，危机干预工作者所面对的是机器及屏幕，很难获得无声语言信息、有声语言信息，彼此之间也较难建立起信任关系，这些都对干预效果造成消极影响。值得欣喜的是，当前互联网技术发展迅速，视频聊天、语音聊天等得以普及，这些都弥补了之前网络干预的不足。在心理危机干预领域，网络将大有作为。

第二节　心理危机干预中心理咨询方法的应用

心理咨询的各种方法具有很多优势，比如治疗速度快、效果强，在心理咨询方面，它们的作用很强大。如果在危机干预工作中能多吸收这些行之有效的咨询方法，将其与传统的危机干预模式相结合，将更好地推动危机干预工作顺利进行。本节重点介绍焦点解决短期心理治疗、认知行为治疗、人本主义治疗、辩证行为治疗和支持性治疗五种方法。

一、焦点解决短期心理治疗

焦点解决短期心理治疗，顾名思义，这是一种短期的心理治疗技术，主要是通过寻找解决问题的方法来进行的。它是20世纪80年代初期由史蒂夫·德·沙泽尔和茵素·金·伯格夫妇以及一群有多元训练背景（包括心理、社工、教育、哲学、医学等）的工作小组成员创立。简单来说，这个治疗方法的措施就是"落实希望与尊重"，整体模式是改变、互动与达到目标，常常被用在自杀干预实践中。它十分经济有效，被人们喻为"稻草变黄金"式的技术。

（一）理论假设与理论基础

1. 理论假设

①有心理危机的人往往过于考虑负向影响，脑海中集中了太多负面的东西。正向焦点思考可以让人们多思考一些正面的东西，所以主张正向思维。

②每件事情都有例外，找寻例外的情境并从中发现特点，在例外的情境中找到解决问题的突破口。

③世界上没有什么事物是永远相同的，因此变化是永恒的。注重个体的小改

变，每个小改变背后都蕴藏大价值。

④个体具有解决自身问题所需要的能力，相信当事人是自己问题的专家，鼓励与支持当事人发现自己的问题并寻找解决策略。

⑤意义与经验总是相互建构的，从当事人的经验中发现有意义、有价值的东西并深入挖掘。

⑥要用整体的观点看问题，而不是仅从一个点上看问题。

2. 理论基础

①寻找例外的情境并用例外情境创造改变，因为每个小的改变都是大改变的基础。

②不畏惧问题，问题是改变的开始。如果没有出问题，就是良好行为的结果。

③每个人都是自己问题的专家，所有的感受、想法与行为都是改变的一部分，因此要了解每一个人特定的解决问题的方法。

④复杂的问题可以由简单的方法解决。

⑤由于因果关系很难确定，因此，好的归因方式能有效解决问题。

⑥改变发生在自我价值感较强的时候。

（二）主要技术

焦点解决短期治疗所用的各种技术十分相似，其目的都在于协助个案体验行为、知觉以及判断的改变。经过体验已经发生的小的改变，维持、扩大并积累成大的改变，而且利用个案既存的力量和资源达成改变的目标，包括一般化、咨商前改变的询问，预设性地询问、评量询问，振奋性地鼓舞、赞许、改变最先出现的迹象，奇迹询问、关系询问、例外询问、任务/家庭作业、因应询问、EARS（引出、扩大、强化、再次询问的英文首字母）询问共计13项技术。

（三）治疗基本流程

焦点解决短期治疗可分为几个基本的阶段。

1. 问题描述阶段

治疗师在询问个案的过程中仔细倾听着当事人的描述，同时询问一些事件的具体细节以及问题的性质，在倾听过程中不断计划并引导当事人向着既定的方向前进。

2. 发展出设定良好的目标

治疗师引导个案进入咨询访谈，在尊重、真诚的态度下，使用奇迹式问句对个案的目标进行探讨并不断地扩展，不断澄清他想要的目标，并确立工作目标。

3. 探索例外

这一阶段的内容就是治疗师通过谈话不断深入探究各种例外经验，并追寻它们是如何发生的。在个案中容易忽视例外经验，所以，治疗师采用例外询问的谈话技巧去发现个案偶发的例外行为，从而让个案有意识地再次发生例外。评量询问也可以作为寻求例外的方式。

4. 晤谈结束前的回馈

通过前面整理过程中的各种有效解决问题的途径，治疗师将这些信息内含在有意义的信息、正向的回馈以及家庭作业之中，然后促使个案做出改变和行动。

5. 评量个案的进步

EARS询问是指导个案在寻求解决问题的过程中常用的评量方法之一。

二、认知行为治疗

认知行为治疗主要针对不合理认知导致的心理问题以及抑郁症、焦虑症等心理疾病。它是一种有结构、短程、认知取向的心理治疗方法，主要着眼于当事人不合理的认知方面的问题。它是通过当事人改变对自己、他人及对某事的看法来疗愈心理。这种治疗方法认为人的情绪并不是来自事件本身，而是来源于对所遭遇的各种事情的解释、评价等认知情况。例如，一个人没有自信心、很自卑，父母也不喜欢他，所以他的心情就会很低落。这种情况下，治疗的策略就应该是帮助他重新认识自己、接纳自己、评价自己，重新构建认知结构，树立自信心，改变对自己的旧的认知。

认知行为治疗认为，在治疗过程中应该分析病人的思维及其面对各种现实问题的解决策略，发现他们的错误认知并加以纠正，而不应该只是分析那些情绪、行为等外在的表现。

（一）认知行为治疗的主要特点

1. 内在系统

当事人要学会了解自己的情绪和想法，并且学会评价和制定各种措施来改变自己的情绪，不仅要改变表面的症状，还要改变自己的价值观。

2. 时间限制

一般情况下，会谈的时间每次持续 50 分钟，进行 4 ～ 14 次结束。但有时候也需要 15 ～ 22 次。

3. 结构明显

在每次谈论时，双方都要回顾之前的情况并产生一个反馈，在检查完各自的情绪之后，互相商讨出一个主题。然后开始谈话，评价自己的想法并对其做出反应，布置新的家庭作业，结束时寻求反馈。

4. 问题取向强调现在

咨询师与当事人经常谈论当前的问题和解决的方法，不会回顾当事人的童年信念与发育史。但是如果当事人是有人格障碍者，那么就需要回顾其发育史或童年成长史。

5. 合作关系，积极参与

当事人在治疗过程中自己决定谈论的话题，然后咨询师对其进行言语鼓励，在谈论中能够认识到自己的想法有问题，二者是合作关系。

6. 教育指导，防止复发

咨询师就像一个教师，在对当事人进行教育训练时，要及时发现并指导改正其不良的歪曲认知和思想。同时要训练他们的逻辑思维和分析能力，引导当事人对自己的不良信念进行确认、评估及回应，慢慢解决问题。这个复杂的过程就是引导当事人逐渐成为自己的咨询师，自己疗愈自己，防止复发。

7. 科学方法

采取实验的方法，治疗流程包括资料收集（问题、想法、态度）、形成假设、实验和评估。

8. 家庭作业

根据治疗进程给当事人留家庭作业，一般包括个人资料的收集、验证假设以及认知治疗技术的练习等。

9. 治疗技术

咨询师常常采用很多种方法用于认知治疗，比如苏格拉底式对话技术、行为技术和格式塔技术等。使用不同的方法来改变当事人的想法、情绪和行为，目的是使当事人正确认知其内心的想法，从中发掘出不同的解决办法或者改正意见。

10. 开放治疗

在这个治疗的进程中，特点是开放的、明白的、清晰的，当事人与咨询师双方可以互相分享治疗进程。

（二）认知行为治疗的常用技术

认知行为治疗的常用技术包括：苏格拉底式对话、箭头向下、行为实验、活动监察/计划、分心和再集中、放松、应付卡片、分级暴露、角色扮演、运用"馅饼"技术、自我与积极自我陈述的功能对照、诱发意象作为治疗工具、利弊分析等。

以问题解决为核心的认知行为疗法的核心要素，是帮助当事人学会解决问题的聚集策略。强化当事人解决问题的能力，让对方明确了解过去与现在的痛苦来源以及可认识的、有可能解决的问题，这些问题阻碍了对方识别自身与他人的需求。

每个人都是自己问题的专家，但"我不能解决自己的问题"是当事人的核心问题。因此，问题解决能力的缺乏与策略的不足是关键因素。因此，鼓励当事人认识自身现有能力与资源，这样问题解决的策略就清晰了。首先从问题着手：

①把自身的问题用列清单的方式写出。

②对列出的问题进行解决优先级的排序，考虑问题是否重要、影响有多大以及能否在短时间内解决。

③了解自己的问题哪些是可以解决的，鼓励当事人考虑各种可能去自由想象解决问题的方法。

④对可能的解决方法进行详细分析。

⑤把解决方法变为现实的若干步骤，要求具备操作性，可以为自身的能力所掌控。

⑥能够预见与认识到每个步骤中的困难，要把考虑到的实际困难以及认知与情感因素进行综合考量。

⑦在决定进入下一步之前，要对每个步骤的完成情况进行仔细的检查。

三、人本主义治疗

人本主义的心理治疗方法一般称为患者中心疗法，也称个人中心疗法。该方法强调的是以情绪体验为中心，并无更具体的方法、技术，所以初学者不易理解。一般对这一方法的介绍常包括治疗过程、对过程的看法、促进心理成长的条件等方面。

人本主义以一种积极乐观的态度来看待人性，其核心是人有自我实现的倾向。人本主义认为自我概念与经验之间发生不协调就会产生心理失调，重建个体

第四章 新时期大学生心理危机的干预策略

的自我与经验之间的和谐关系或许就是人本主义疗法的实质。

关于治疗过程，罗杰斯在其工作的早期曾就治疗过程提出过12个步骤：

（1）来访者（大学生）前来求助

来访者（大学生）承认自己需要帮助，或者承受着巨大的压力希望寻求改变。这是治疗的重要前提，否则很难成功地将治疗或咨询进行下去。

这对治疗来说是一个重要的前提，如果来访者（大学生）不承认自己需要帮助，不是在很大的压力之下希望有某种改变，咨询或治疗是很难成功的。

（2）治疗师向来访者（大学生）说明咨询或治疗的情况

首先治疗师就要让对方明白，这里没有能够解答其提出的问题的答案。咨询或治疗只是为来访者（大学生）提供一个场所或一种气氛，答案仍需要他自己去寻找。治疗师要使对方了解咨询或治疗的时间是属于他自己的，可以自由支配，并商讨解决问题的方法。治疗师的基本作用就在于创造一种有利于来访者（大学生）自发成长的气氛。

（3）鼓励来访者（大学生）自由表达情感

为了促进来访者（大学生）自由地表达自己的情感体验，治疗师必须以友好、诚恳的态度接待对方。

来访者（大学生）开始所表达的大多数是消极或含糊的情感，如敌意、焦虑、愧疚与疑惑等。治疗师要有掌握会谈的经验，有效地促进对方表达。

（4）治疗师要能够接受、认识、澄清对方的消极情感

这是很困难同时也是很微妙的一步。治疗师接受了对方的这种信息必须对此有所反应，但反应不应是对表面内容的反应，而应深入来访者（大学生）的内心深处，注意发现对方影射或暗含的情感，如矛盾、敌意或不适应的情感。不论对方所讲的内容是如何荒唐无稽或滑稽可笑，治疗师都应以接受对方的态度加以处理，努力创造出一种气氛，使对方认识到这些消极的情感也是自身的一部分。有时治疗师也需对这些情感加以澄清，但不是解释，目的是使来访者（大学生）自己对此有更清楚的认识。

（5）来访者（大学生）成长的萌动

来访者（大学生）成长的开始体现在消极的情感充分暴露出来，但不断萌生出模糊的、试探性的、积极的情感。

（6）治疗师对来访者（大学生）的积极情感要加以接受和认识

治疗师应接受来访者（大学生）积极的情感表达，但并不加以表扬或赞许，也不加入道德评价。只是让来访者（大学生）获得一次生命中了解自己的机会，

让他感到既没有对消极情绪采取防御措施的必要,也不必因为产生了积极的情绪感到高兴。在这样的情况下,来访者(大学生)就能自然而然地达到领悟与自我了解的境地。

(7)来访者(大学生)开始接受真实的自我

一般人在做出任何反应时都会因为社会评价的影响而有几分保留。人们认为事物的价值都是有条件的,这让人们自我概念的形成产生了错误,情感和经验也因此常常会被否认和歪曲,进而使得现实中的人与真实的自我产生了很大的偏离。来访者(大学生)在治疗中处在一种能被人理解与接受的良好环境之中,这会使心境变得完全不同,只有在这种情况下才会有对自己进行重新考虑和审视的机会,领悟自己当下的状况,进而达到接受真实自我的境地。想要在一个新的水平上为自己的心理整合奠定基础,就需要来访者(大学生)理解自己、接受自己。

(8)帮助来访者(大学生)澄清可能的决定及应采取的行动

做出新的决定、采取新的行为是在领悟的过程之中必然会遇到的,来访者(大学生)需要治疗师为其可能做出的选择进行协助。来访者(大学生)在这个阶段常会出现恐惧做决定和缺乏做决定的勇气,而治疗师在此时就要认清现状,对来访者不做勉强或给予劝告。

(9)疗效的产生

疗效的产生就在于是否领悟并做出了某种积极的、尝试性的行动。虽然这种效果可能只有一瞬间,但是这种领悟是来访者(大学生)自己达到的,自己对问题产生了新的认识,并且用行动来落实新的认识,这是很有意义的。

(10)进一步扩大疗效

来访者(大学生)通过自身的领悟积极地做了一些尝试。此时,治疗工作应当达到更深的层次,促使来访者(大学生)的领悟进一步发展,并对领悟的扩展范围加以注意。如果来访者(大学生)对自我的了解达到一种更完全、正确的境界,那么在面对自己的经验、体验以及考察自己的行动时将会具有更大的勇气。

(11)来访者(大学生)的全面成长

当来访者(大学生)在自我指导时已经具备了较强的信心,那么此时就已不再对选择产生惧怕,能够积极地行动与成长了。此时的来访者(大学生)常常会主动与治疗师提出问题并共同讨论,二者的关系达到顶点。

(12)治疗结束

来访者(大学生)感到自己不需要再接受治疗了,治疗的过程就此结束。来访者(大学生)对占用了治疗师许多时间而表示歉意时,治疗师采用同以前的步骤中相似的方法澄清这种感情，使其接受和认识到治疗关系即将结束的事实。

人本主义治疗从根本上讲是一种以关系为导向的方法，促进来访者（大学生）心理成长的三个条件，即三种技术分别为：促进设身处地地理解的技术，包括关注、设身处地理解言语和非言语交流以及使用沉默的技术；坦诚交流的技术；表达无条件积极关注的技术，即以不同方式向求助者表示对他们的尊重。人本主义疗法适用于大学生一般心理问题、心理障碍及部分神经症。

四、辩证行为治疗

辩证行为疗法是一种由美国华盛顿州立大学玛莎·林纳德创立的新型认知行为疗法，它是在传统认知行为疗法基础上发展起来的。理论基础是辩证法的基本原则，将当事人与心理咨询师、理性与情感、接受与改变之间的关系进行的辩证平衡与协调作为重点。社会心理技能训练和治疗策略的应用是辩证行为疗法的核心方法。

（一）合理化认同策略

基本任务是帮助当事人观察和准确地描述自己的情绪、思想和行为；心理咨询师与当事人交谈时要有同情心；心理咨询师应让当事人明白自己的情绪、信念、期望以及外显行为都是可以理解的，在当时或者现在的情境下都是合情合理的。

合理化认同层次包括以下六个层次：

第一层次：合理化认同需要心理咨询师倾听和观察当事人正在说什么、感受什么以及做什么，努力理解当事人说了什么和做了什么。简单地说，心理咨询师要对当事人感兴趣。

第二层次：合理化认同是将心理咨询师自己的感受、思想、假设和行为精确地反馈给当事人。

第三层次：心理咨询师向当事人表明已了解他们的经历和对事件反应的真正含义。简单地说，心理咨询师"读懂"了当事人。

第四层次：行为被合理化认同是由某些原因所致。所有的行为是由当时发生的事件所引起的，因此是可以理解的。

第五层次：寻找当事人对事件反应的合理性，并表明他们的反应是可以理解的。寻找可行性因素去支持他们，不混淆合理性和不合理性反应，努力找出合理性反应并加以肯定。

第六层次：诚恳对待当事人，把当事人看作真实的个体，与对待正常人一样平等对待他们。

（二）"啦啦队"鼓励策略

体育比赛竞争双方有"啦啦队"给自己加油，"啦啦队"成员一般是年轻活泼的男性和女性，但女性更多，作用就是给本队加油打气。"啦啦队"是一种必须策略，目的是使当事人受到鼓励并树立自信心，打起精神去战胜困难。当事人被"啦啦队"鼓舞，把能力充分地表现出来，让他们充满希望：他们的能力还能够得到提高。心理治疗亦是如此。治疗师为达到治疗的目标会鼓励当事人尽最大努力去配合治疗。但是鼓励也需要适度，当治疗师发现当事人能够相信自己和合理化认同自己时，就可以减少鼓励策略的使用频率。因为不适当或者过分使用会适得其反，若当事人形成非合理化认同方式则可能让当事人感到更加无助。

人的心理和行为的正常与异常之间的辩证关系是辩证行为疗法的重点，重视保持接受与改变之间的辩证平衡。对情绪、行为和认知的认同强调实现合理化，强调要通过个体而不是心理咨询师去了解和掌握社会心理技能，进而靠自己的力量去改变过去自己的不合适的行为。

电话咨询、团体辅导等都是辩证行为疗法的治疗方式，能够在一定程度上减少自杀的想法。但这个方法需要专业人员进行操作而且耗时较长。

五、支持性治疗

支持性治疗是一种治疗方法，它起源于20世纪初期，但比精神分析的治疗目标更局限。支持性治疗旨在帮助症状发作的人应对他们身上所出现的症状，以避免其出现更严重的心理疾病。对那些没有出现症状的相对健康的人而言，支持性治疗服务可以帮助他们解决一些暂时的问题。但是精神分析的目标是通过治疗使当事人的人格得到发展，意识到自己的症状是由潜意识所引发的，并且最终将这些症状消除。

支持性治疗的基本观念是"应激与适应"，没有其他特别的理论支撑。它不需要花费很长时间对当事人的潜意识进行了解，而主要是对当事人在早期就进行"分析工作"，针对当事人当前所存在的具体问题，用"支持"的方式来对其进行特殊的治疗。也可以理解为，当事人因为遭遇巨大的心理创伤或挫折而产生无法承担的感觉、精神濒临崩溃的时候，他会无法操控自己以及无法做出正确的决

第四章　新时期大学生心理危机的干预策略

定,所以这时候支持性治疗可以为其提供"支持",帮助他渡过当前的困难时期。也正因如此,有的学者把支持性治疗称为"急救性的治疗"。

支持性治疗的应用非常广泛,也可以应用在以下情境:当事人因人格不够成熟、内心比较脆弱或者出现退行性心理障碍时,无法进行正常的生活,此时支持性治疗就可以为其提供长期的支持和照料,以将其症状恶化的可能性降到最低,使当事人可以拥有应付现实生活的能力。支持性治疗也存在一定的原则,具体如下。

第一,为当事人提供适当的支持。大学生面临失恋、学业失败等重大负性生活事件时,不能全部包办地给予全身心的爱与支持,而是选择性地"支持"。一般而言,要考虑当事人面临的心理挫折的严重性、性格特征、自我成熟性、适应方式及应对困难的经历以提供适当的支持。

第二,调整对挫折的看法。由于应激的严重程度往往与个体对该应激事件的看法或感受有关,因此帮助当事人形成对挫折或危机的正确看法是解决问题的关键。

第三,善用各种资源。当个体面临挫折与危机时,经常会忘记利用现有的资源应付目前的困难。此时,当事人心理能量降低,低估自己的潜能,同时忽视外在的资源,想不到"人生最美丽的花是开在绝境之中"。危机干预工作者要帮助当事人检索自己内在或外在的资源,了解其资源广度与深度,检查是否可利用已有资源应对目前的困境。

第四,排除外在困难。一般而言,当面临严重心理危机时,必然与外在环境相关。危机干预工作者要帮助当事人"适应",认识外在的不健康因素并恰当处理这些关系。

第五,鼓励运用功能性的支持、鼓励、说明、指导、训练等方式。与当事人一起探讨应付困难或处理问题的方式,并鼓励当事人采取成熟而有效的方式。

当然,除以上所提到的几种常见的咨询与治疗方法外,大学生心理危机干预的方法还有很多种,如理性情绪治疗、家庭治疗等。

第五章　新时期大学生心理危机预防主题教育

通过教育降低大学生心理危机的发生率，是预防性危机干预的一大举措。在高校中，针对危机的预防教育应该包括生命教育、人格完善、情绪管理、挫折教育、和谐人际关系建立等多个主题，本章就从这几个方面对新时期大学生心理危机预防进行阐述。此外，加强校园文化建设、为大学生创造良好的心理外部环境，在危机预防方面也不可或缺。

第一节　生命教育

一、生命教育的含义与指导思想

（一）生命教育的含义

"生命教育"最早是由美国人杰·唐纳·华特士提出的。事实上，生命教育贯穿于人类发展历史中。伟大的教育家孔子曾说："未知生，焉知死？"实际上，当今的大学生考虑更多的是"何以为生"，而对"为何而生"思考较少。那么，什么是生命教育呢？

生命教育是指借助教育和引导的方式来帮助学生对生和死的生命课堂进行积极且深入的思考，使他们可以在面对生命和死亡的时候保持积极的态度，了解生命的意义，珍惜自己的生命，并且能够用有限的生命创造出无限的价值。

①生命教育应着力于珍视生命本体的存在价值。人的生命价值离不开生命的存在与延续，既包括对自身生命的珍爱与珍惜，也包括对他人生命的尊敬与敬畏。

②生命教育要倡导对生命的敬畏。从根本上而言，所有的生命都有权利存在，且其存在都是有价值的。生命之间存在着普遍的联系，且其之间的链条都是环环相扣、相互依存的。因此，人类的生存依赖于生命体的延续，人类会永恒追求着生命的神圣性。人会关怀其他的生命，其实从本质上来说也是因为关怀着自己；人也对万物肩负着责任，其实从本质上来说也是因为人对自己的生命肩负着责任。人应当懂得与珍重其他生命，对大自然的一切生命采取敬重的态度。

③珍爱自己的生命与珍爱他人生命同等重要。这既给予生命平等的内涵，又要求我们反思生命的价值与意义。选取生活中正反两面的典型教材，例如马加爵案例，教育大学生对自己生命负责，对家庭与社会负责，也对他人的生命负责。

(二) 生命教育的指导思想

全体学生身心全面而健康地发展是生命教育的主题，全体学生能够终身幸福是生命教育的基础目标。生命教育应该从重视学生的个性发展入手，帮助提高其生存能力和生命质量。生命教育应该从关注学生的自然和社会的实践体验入手，给学生提供一个和谐健康的生命环境。只有这样，学生才可以保持对生命的热爱，建立起生命、自我、自然社会三者之间的和谐关系，可以对自我、他人以及自然社会都保持关心，综合提高其生命的质量，深入地明白生命的意义和价值。

二、大学生生命教育的实施原则

在对大学生进行生命教育的时候，要注意把握好科学性和人文性的一致。以下为实施大学生生命教育时要遵循的几个原则。

(一) 认知、体验与实践相结合原则

在对学生进行生命教育时，要注意不仅传授给学生科学的知识，还要注意对学生进行实际的引导，使学生可以在贴近生活、体验生活的实践过程当中把知、情、意、行融合在一起，获得丰富的人生体验，拥有积极的人生态度。

(二) 发展、预防与干预相结合原则

生命教育的目标受众是所有的学生，所以主要采取发展性和预防性教育的方式，同时也要重视已经出现的大学生危机问题，对其进行科学有效的干预。预防的目的是发展，而发展又是预防最好的手段，所以科学有效的干预对于发展也是

非常重要的。这三种方式需要有效地结合起来以发挥作用，都是生命教育不可或缺的一环。

（三）自助、互助与援助相结合原则

自助是让学生保持自律和自我教育，并且在出现问题的时候可以自救；互助是让学生和学生之间、老师和学生之间互相帮助；而援助则是指教师、家长以及各种社会机构对学生进行引导和帮助，其中主要包括对学生求援意识的增强和应对技能的提高等方面。这三种方式有效地结合在一起，可以形成良好的互动互补的效果，更好地为提高学生的生命质量搭建起更开放的平台，营造一个更好的教育环境。

（四）学校、家庭与社会相结合原则

在进行生命教育时，还需要注意发挥学校教育的引导作用，以及对家庭和社会的教育资源进行开发和利用。学校要开设相关的课程和开展综合的实践活动，与此同时，家长也要多关注学生的身心健康，结合各种社会途径，共同培养学生积极健康的生活态度、与人和睦相处的生活技能，共同组成生命教育的力量。

三、大学生生命教育的内容

生活是由各种生命活动构成的，同时也展现着生命的状态。所以，作为生活教育的一个重要组成部分，生命教育的内容关乎人们生活的各个方面。因此，可以根据生命的自然发展进程（生存—发展—死亡）和人们对生活由低到高的层次要求，将生命教育划分为三部分，即保持生命的教育—发展生命的教育—死亡教育。

（一）保持生命的教育

保持生命的教育指的是对学生进行教育使其拥有保护生命的意识。主要可以分为两个方面：第一，通过教育让学生理解生命的重要性和神圣性，使其对生命保持敬畏和尊重的态度，可以珍爱自己、他人以及万物的生命。第二，通过教育教会学生如何去保护自己、他人以及其他生物生命的方法和技能。比如，教育学生要永远珍视生命，在遇到任何困难和问题的情况下，都不要轻易放弃自己的生命，也不可以伤害他人和其他生物的生命；要教给学生如何避免危险以及在不可回避的危险情况下如何自救和救人；还要让学生充分意识到人类和大自然的关

第五章 新时期大学生心理危机预防主题教育

系，明白人类和大自然是相互依存的，人类生命和大自然的其他生命是平等的，要学会保护大自然，与之和谐相处；等等。

（二）发展生命的教育

发展生命的教育指的是对学生进行教育，使其学会如何发挥自己生命的价值、提高生活的质量。也可以说，发展生命的教育是让学生意识到生命的宝贵和神圣，从而对生命保持敬畏、尊重的态度；与此同时，在善待自己、他人和其他生命的基础上，树立远大志向，通过学习和努力不断进行自我提升，从而丰富自己生命的内涵和价值，最终提高自己生命的质量，将生命的价值发挥到最大。

一个生命在成长和发展过程中，方方面面都需要进行教育。如科学文化教育、身体心理教育、世界观人生观教育、审美劳动教育、公民素质教育等，这些常规、普及的教育可以在生命成长和发展的过程中起到积极的作用。但是本书所提到的发展生命的教育，特别指的是让学生明白生命的重要性和宝贵性，并对生命保持尊重和敬畏的态度，在此基础上努力拼搏和奋斗，意识到生命的价值，从而将自己生命的价值发挥到最大。发展生命的教育与常规的传统教育是有区别的，属于一门新兴的教育门类。想要实现发展生命的教育，既需要常规的各类教育作为支撑力量、彼此联系，又需要我们将这两种不同的教育区分对待。可以说，如果把传统常规教育比作一个人的肢体，那么发展生命的教育就是一个人的头脑，它统帅着肢体的所有活动。

一个人想要奋斗和前进，离不开理想和目标的支撑。一般情况下，往往是理想越远大，目标越清晰，这个人的发展就能取得越好的结果，其生命价值也就越高。所以，高校要重视发展生命的教育的重要性，对学生充分开展发展生命的教育，最大限度地提升学生的生命质量。

发展生命的教育观念和高校以往的传统教育中的精神和理念基本上是一致的。但是两者不同的是，传统的教育大多是教育学生为了理想和目标的实现是可以以生命为代价的，如我国广为流传的一句由匈牙利著名的爱国主义战士和诗人裴多菲·山陀尔所写的诗句："生命诚可贵，爱情价更高，若为自由故，二者皆可抛。"这句诗由著名诗人殷夫翻译后传入我国，激励了无数的爱国青年为革命事业去牺牲自我。但是发展生命的教育在这一点上与之并不相同，它的教育目标是使人们珍惜和敬畏自己的生命，要在不伤及自身、他人和其他生命的基础上进行努力拼搏和奋斗。发展生命的教育并不是反对在必要的时刻为人类最崇高的理想而牺牲自己的生命，而是反对功利性地牺牲生命以及草菅人命。

发展生命的教育鼓励人们在珍惜和尊重宝贵的生命的前提下，最大限度地实现自己的生命价值，通过自己的努力来提升自己的生活水平、生命质量和幸福指数，对他人和社会做出贡献，最终达到身心健康程度的最大化和社会价值的最大化。关于前者，能促使人们珍惜、善待自己，感受更多的生命快乐和情趣。关于后者，由于学会了正确处理自己与他人、社会及自然的关系，不仅能增加学生个体生命的丰富感和成就感，还能促进人与人、人与社会及人与自然关系的和谐，从而促进社会的文明和进步。

（三）死亡教育

死亡教育是教给学生正确地认识死亡、对死亡保持正确的看法和态度的教育。万物有生就有死，任何自然生命都不能逃脱这个法则。死亡是生命的必然过程，是生命不可或缺的一个组成部分。因此，死亡教育在生命教育的过程中占据着非常重要的地位，是生命教育中不可或缺的重要环节。

死亡教育是通过对学生进行引导，让他们对死亡的各种问题进行思考和探索的过程。在这个过程中，学生会明白万物有生就有死的道理，明白死亡是人类生命进程中必然存在的一个课题，从而使学生对死亡的恐惧和焦虑心理得以消除，能够理性地看待死亡。

死亡教育通过对学生进行生命必然走向凋零的启示，可以使学生更深刻地意识到生命的宝贵和难得，从而更加珍爱自己的生命，对自己的生命和生活产生更大的热情。与此同时，死亡教育还可以引导学生坦然地面对死亡，正确处理自己与亲人、与他人的死亡问题，提升其应对挫折的能力，并且更能尊重和敬畏他人的生命，使人与人之间的关系更加和谐。

综上所述，保持生命的教育、发展生命的教育和死亡教育是生命教育的三个组成部分，这三部分包括了生命进程的各个部分，各有其重要性，同时也可以让人们逐步加深对生命的理解，更加珍视自己的生命。在这三部分当中，生命教育的基础环节是保持生命的教育，生命教育的目标是发展生命的教育，生命教育的补充和升华环节是死亡教育。

生命教育对于现在和未来公民的健全人格的培养都有着非常重要的意义。公民个体的生存质量和生命价值会在在很大程度上受到生命教育的影响，同时，国家的稳定、社会的和谐与发展也会被生命教育所影响。因此，生命教育是我国素质教育中必要的一个部分。

四、大学生要学会悦纳生命

(一) 提升心理资本,乐享幸福人生

1. 心理资本概述

心理资本是在20世纪末被提出的一种新的研究方向,它是把积极心理学和管理学进行融合发展而来的。心理资本是个体在成长和发展过程中表现出来的一种积极心理状态,对个人来说是超越人力资本和社会资本的一种核心资源,能有效促进个人成长和进步。心理资本的构成要素为自我效能感、乐观、希望和韧性等积极心理力量。

心理资本并不是一成不变的,它可以被改变、被开发,这也是它最重要的特征之一。因此,对心理资本进行合理和有效的开发,对于大学生的心理健康有着非常重要的意义。

2. 心理资本的要素

作为一种积极的心理状态,心理资本包含以下四个方面的要素。

(1) 自我效能感

自我效能感是心理学上的一个概念,由心理学家班杜拉提出,具体指的是一个人在从事一项活动的时候,对自己完成任务或者实现目标的能力的判断和认知的程度。

自我效能感可以在很大程度上对人们面临困难的态度、反应和情绪造成影响,从而进一步对人们的心理健康造成影响。自我效能感强的人在做事情的过程中会主动地为自己设立较高的目标,对于困难的工作任务的接受度较高,热衷于挑战自我,并在挑战自我的过程中变得更强大。大学生的自我效能感与归因方式有关,将成功归因于能力会增强自我效能感,反之,则会大大降低学生的自我效能感。

(2) 乐观

乐观指的是在不同的情况和时间里,一个人都能一直对未来抱有积极乐观的态度,相信事情的发展方向是积极的。乐观的人总会说:"我能行……我能够实现……我一定可以……"这类人在看待积极的事件的时候,会把原因归结到自己身上,认可其持久性和普遍性;在看待消极的事件的时候,他们会把原因归结到外部环境上,认为其是暂时性的,与情境有关。

一个悲观的大学生,当他在面临经济、学业、人际等方面的巨大压力及日益严峻的就业形势时,会产生一种持续消极的心理状态,表现为情绪低落、烦躁,

做什么都提不起劲,严重时甚至完全不与外界交往。反之,具有高度乐观精神的大学生能够正视外界的压力,善于充分利用环境中各种可能会出现的机会来提升自己的能力,也更容易从失败中走出。

(3)希望

希望这一心理能力并不仅仅指对未来的美好期许,还包括为这一目标所制订的计划及付出的努力。也就是说,个体能够设定现实且具挑战性的目标并有决心达成目标,而且能够在最初计划路径受阻时找到替代路径来实现所期望的目标,由此就形成了一个螺旋上升的希望。充满希望的大学生往往是独立的思考者,他们自信并有很强的自我意识,能更好地分析自己所处的状态,即使面对暂时的困难与挫折也相信自己一定能够最终取得成功。

(4)韧性

韧性是指个体在经受挫折或承受压力的状态下,依然能够调整自己以更好地适应环境的心理品质。挫折在一个人的成长过程中是无法避免的。在面对挫折的时候,有的人总是选择退缩,所以最后没有什么成就;而有韧性的人则会较快地进行自我调整以适应目前的情况,具体表现为:在困难之中依然坚持行为和信念,直至取得良好的行为结果;在重大困难面前或危险情境之中能迅速调整并积极适应。

自我效能感是主观幸福的重要预测因子,学生的自我效能感越强,心理幸福感水平越高,反之亦然;乐观的学生较悲观者有更少的压力和孤独感,能感受到更多的社会支持;希望水平较高的学生能够为目标付出更多的努力,学习成绩一般较好;韧性强的学生因为拥有强大的复原能力,更易取得成功。综上所述,高校应主动关注并发挥心理资本对心理健康的积极导向作用。

3.大学生心理资本的开发与提升

心理资本也不是一成不变的,它会受到多种因素的影响,是可进行管理和投资的,具有可开发性和可管理性。对大学生进行心理资本的开发,可以使用改变或者影响大学生心理资本中的某一个或者几个状态的变量来实现,最终使大学生的身心达到一个积极健康的水平。以下为几种对心理资本进行开发和提升的途径。

(1)增加成功体验,增强大学生自我效能感

影响自我效能感的因素有许多,如成功体验、他人劝说、替代性经验等,其中最主要的因素是成功体验。大学生要善于发现自己的优势和特长,并对之进行加强,形成自己的核心竞争力,增加自己的成功体验,从而增强自我效能感。大

第五章 新时期大学生心理危机预防主题教育

学生也可以有意识地参加志愿者活动、社团活动等校园活动，这类活动形式丰富、参与门槛低，也是获得成功体验的常见途径。

（2）引导积极归因，培养大学生乐观心态

有研究表明，乐观的人的心理健康水平通常比悲观的人更高。我们要对大学生进行引导，使其能够客观而全面地对自己进行分析和评估，能对形势有清晰的认识，从而培养出积极健康的人生观。大学生也要注意对自身的心态进行培养和锻炼，对生活保持积极和乐观的态度，对周围的人和事保持宽容的心态，积极应对学习和生活中的挑战。

（3）规划职业生涯，对大学生活充满希望

希望作为一种积极的心理状态，可以激励人的行为，在很大程度上促进大学生的学习和成长。如果一个大学生的希望水平较高，那么他就能更好地面对学习和生活中遇到的挑战和压力，即使身处困境，也会做出积极的调整以走出来客服眼前的困难。因此，大学生要学会不断地给自己各种合理的希望，学会分解自己的目标，从小的目标开始做起，一步步进行，每达成一个小的目标，就给自己一些奖励。这样一来，就可以培养自己保持希望的习惯，有意识地进行自我鼓励，一直保持较高的希望水平。

对大学生来说，规划职业生涯是树立对未来的希望的有效方法。大学生只有意识到职业生涯规划并不只是为了找份工作，未来工作也不仅仅是为了养家糊口，而是实现自我价值的途径，才能通过职业生涯规划了解自我，了解职业需求，规划自我的发展方向和发展目标，把自己的潜能发挥出来，进而对自己的未来、自己的人生充满希望。在进行职业生涯规划时，大学生应该把自己的职业发展方向和发展目标与国家发展需求相结合，把个人目标与国家目标相结合，这样才能找到正确的方向，才能有所作为。

（4）理性应对逆境，增强个体韧性

在面对困难的时候，大学生要学会寻求合适的帮助，如学校、老师、家庭和朋友的帮助，尽可能地利用好身边的资源和条件，建立广泛的社会支持系统；大学生也要正确地认识挫折，在遇到困境的情况下也要保持理智和头脑清醒，对造成问题的原因进行分析，对问题的严重程度进行评估，并且做好事后的总结，这样可以为以后的成长提供经验，为将来的发展打下基础；大学生还要学会运用积极的心理防御机制，在遭遇困扰时能自觉采用认同、升华、利他、幽默等方式积极防御，从而增强自己的挫折耐受力及韧性。

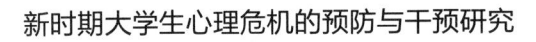

（二）树立积极的生命观，拥抱美好人生

1. 正确认识生命的意义

（1）生命是无价之宝

每个人的生命只有一次。在无限的时空中，再也不会有同样的机会，一旦失去了生命，没有人能够活第二次。因此对每一个人来说，生命都是弥足珍贵的。

正因为生命的无价，每个人都要考虑如何让自己仅有的一次生命活得更有意义、更有价值。因此，每个人都要珍爱自己，积极地过好每一天，绝不能随意地消耗、浪费生命，更不能轻易、毫无价值地结束生命；每个人都要善待他人，以善良之心、善意之举去对待周围的人或物，切不可暴力伤害他人，践踏生命的尊严。

（2）生命需要磨砺

人的一生不可能一帆风顺，没有哪个人是不经过磨砺就能够成功的。生命需要磨砺，磨砺是生命成熟之必需，未经磨砺的生命经不起摔打。把人生中的一切不如意都作为对生命的磨炼，用心待之，泰然处之，才能使人变得坚强，才能经受住任何考验，战胜任何困难。

（3）生命是在拼搏与追求中不断实现自我、超越自我

人生在得与失、苦与乐中不断地轮回，在失去一切时，希望依然存在。人应该具备一种精神，一种敢于斗争的大无畏精神，同时应坚守一种勇往直前、百折不挠、坚持拼搏的信念。只有在不断地努力、拼搏中实现自我的价值，人的生命才能上升到一个新的阶梯。

2. 敢于承担生命责任

生命是一种责任，承担和履行责任的过程是探索和实现生命价值的过程。生命因承担和履行着对自己、对他人、对社会的责任而显得充实且富有意义。大学生要摆脱无兴趣、无所谓、无意义的精神疲软状态和社会上极端功利化思想的影响，勇于、敢于承担自己的生命责任。

（1）大学生要正确认识自我价值，自觉社会之责任

我们能有今天的和平和现在国家的繁荣富强，是和无数仁人志士的贡献分不开的，是和全体人民群众的努力分不开的。然而，部分大学生将个人与社会完全割裂，认为现实残酷，自觉无力改变，于是随波逐流、得过且过。这种消极的心态使得部分大学生产生了强烈的失落感、空虚感、孤独感，认识不到自身的

价值，体会不到生命的意义，严重的会导致其行为失常，甚至是人格分裂和精神绝望。

当前，中国人民正在为实现中华民族伟大复兴而努力奋斗着。因此，大学生要把个人成才与社会发展有机结合，自觉把社会理想、时代要求内化为个人的成才目标，树立社会责任感和使命感。大学生要正确地认识人生的目的、人生的态度以及人生的理想，树立起正确、积极的自我意识，这样才能形成强大的社会责任感和奋斗动力，进而履行自己的社会责任。

（2）大学生要积极投身社会实践，体悟生命之意义

应该说，将对自己的责任置于人生责任之首本无可厚非，但少数大学生对个人爱好的偏执和对个人利益的过分看重，使得他们的自我责任意识呈现明显的情绪化和功利化倾向，从而导致他们无法正确看待自己的社会责任。如片面强调个人权力和利益的获取而不愿意付出艰辛努力，不愿意承担自己行为的后果；他们过度关注自我而忽视了应承担的对他人、对家庭、对社会的责任；等等。这种过度关注自我甚至损害他人利益的行为，必然会遭到社会的否定和排斥，从而使自己陷入孤立无援的境地。这种对自我责任的彻底放弃，甚至会导致对生命的放弃。

因此，大学生要有自觉的意识，走出校园、进入社会中，到社区和基层去体验社会，提供服务或者劳动，来了解社会、认识国情、丰富情感、磨砺意志，以真正体悟生命之意义、珍爱生命之美好。

（3）大学生要增强生命责任感，担当生活之主体

大学生活中，大学生是主体性的存在，所以大学生要主动地利用好自己的主体身份，发挥好主体的作用，能够在各种利益冲突中保持自己清醒独立的判断，做出正确的选择，并且有为自己的选择和行为负起责任的勇气。如果一个个体都无法对自己负责，稀里糊涂地做人和稀里糊涂地生活，甚至放弃希望、无所作为，那么就更不用指望他可以对他人和社会负起责任了。所以，大学生要有负责任的精神，对自己的人生、事业和情感负起责任，并且对自己身边的亲人和朋友负起责任，然后再将这种责任心上升到整个社会，能够对我们的国家和社会负起责任。生命责任感应具体化到生活的每一个层次、每一个领域、每一个行动上。

第二节 健全人格的培育

一、人格概述

（一）什么是人格

"人格"一词是日常生活中的高频词汇，人们经常说"他具有高尚的人格""他出卖了自己的人格""他具有健全的人格"等。"人格"一词涵盖了法律、道德、社会、哲学等领域。"人格"一词最早的记录是古希腊语中的"Persona"，在古希腊语中的意思是演员的面具，这个面具的类别取决于演员扮演的角色。"Persona"在之后慢慢地被用来形容人的内心。人格的含义在心理学上非常多样，但主要的含义有两个方面：第一个方面指人生舞台上的个体展示出的所有言语和行为以及所遵循的一定社会规则，这些外显的人格层面的行为和品质是能够看到的；第二个层面的人格是存在于人体内的，也就是上文所说的演员的面具后的真实个体，因此，第二个层面属于人格的内在特性。

（二）人格的特性

1. 个体性

促进个体人格形成的有遗传、环境、教育等先天和后天要素，这些要素交互作用促进人格的形成。人格中个性性格形成的依据就是各种不同的遗传、教育及环境因素，换句话说就是："人心不同，各如其面。"比如有的人开朗随性，有的人坚守本心，有的人内向不善言谈，有的人大方爽快，有的人谨小慎微等。但是不同人身上的个体性会因为身处环境的不同而表现出不同的含义，比如独立，在缺少父母爱护的孩子身上有靠自己努力的意义；但在开明型家庭中的孩子身上，则成为培养健全人格的重要条件。

2. 长期性

人格的长期性是指那些多次表现出来的行为方式的总和，也可以说是"江山易改，本性难移"。让一个人改变长期稳定的某种性格是十分困难的，不管在任何地点，个体所表现出来的稳定人格特质都是一致的。比如，一个性格开朗的大学生不仅在家庭中活跃，而且也能积极主动地处理班级活动中的事情以及在老师、同学面前勇敢展示自我。这个学生即使毕业离开校园，这个特质也会一如既往。

3. 主体性

人作为具有大脑和思维的高等生物是十分复杂多样的，因此，人的言行也会展现出多样化、多方面的特质。但人格中特质的组合是多种多样的，并非一成不变，因而人格也会体现出不同的特点。每个人的各种特征并不是在自己的人格世界里简单地堆积，而是跟宇宙世界一样，它是根据特定的内容、顺序与规律生成、组合起来的动力系统。人格受自身意识的调动控制，它的有机结构具有内在一致性。个人之所以能表现出健康的人格特征，就是因为他内部的人格结构各方面是和谐一致的，否则个体内部就会"人格分裂"，各个人格特征之间出现心理冲突。

4. 功效性

个体的成败和喜怒哀乐源于人格。人格决定着一个人怎么面对生活，甚至会决定个体未来的成长发展。我们经常会用人格为个体的言行找原因。当发生挫折和失败的时候，有志向的人会认真积极地总结、反思经验教训，把失败当成垫脚石继续前行；本性不进取的人则会从此颓废下去，忘记当初奋斗的目的和目标。健康而有力的正常人格会支配着人的生活与成败；反之，就会让个体逐渐懦弱、颓废、失控甚至走上变态的道路。

（三）人格的构成

人格的结构系统有着不同的成分，这些成分从不同的角度体现出个体的区别。这些成分有认知、动机、气质、性情、自我调节等，其中，气质和性情是人格构成的重要成分。

1. 气质

气质是指体现一个人内心活动的强度、速度、灵活性与指向性的一种长期的稳定心理特征。它是个体心理特征的决定性因素，也赋予个体心理活动独特的色彩。

气质本身无好坏之分，任何一种气质都有正反面，它也不能决定个体的社会价值和成就。所以，大学生需要正确对待自己的气质类型，需要常常有意识地抑制气质的消极方面，发扬积极方面以养成良好的个性。虽然与生俱来的气质特征也是值得重视的，但是更多的人是多种气质的混合体，看哪种气质占主导地位。

2. 性情

性情是一种与社会关联最紧密的人格特征，它是个体对现实的稳定态度和与之相适应的习惯化了的行为方式的总和。性情体现了人们对现实与周围世界的态度以及对自身、对他人、对事物的态度。

从不同层面可以对性情类型进行相应的划分，比如根据知、情、意在性格中的体现程度，可分为理智型、意志型、情绪型三种。理智型的人以理智支配自己的行动；情绪型的人共情能力强，因此举止容易受情绪影响；意志型的人具有较确切的目标，行为比较主动。

按照一个人的心理倾向，性情可分为外倾型和内倾型。外倾型的人心理活动倾向于外界，活泼爽朗，擅于与人相处，感情容易表露，处事自然随性，但有时会比较随意；内倾型的人心理活动倾向于内心世界，特征一般表现为含蓄、谨慎、自制力强、交际圈小，较为依赖舒适圈。

按照一个人的独立程度，性情也可分为独立型和顺从型。独立型的人不容易受其他事物的影响，意志坚定，主观性强，执行力强，在特殊的情况下也不慌张，而是利用自己的力量，但有时会把自己的想法强加给他人，坚持自己的意见，和集体格格不入；顺从型的人往往比较温和、自谦，大局观强，但自主性较差，易受影响，容易听取他人的意见，在危急情况下手足无措。

性情与气质都是个体人格构成的重要成分，二者相互作用、彼此制约。不同的是，性情更多受到环境的影响，是人格中涉及社会评价的内容，所以有一定的可塑性。它因为具有社会评价的意义，体现了社会文化的内涵，因此有优劣之分。而制约气质的更多是生理上和心理上的特点，尽管在后天的环境影响下有所变化，但跟性情相比，气场更具有稳定性和长期性，变化不明显。

二、当代大学生人格发展的特点

大学生是一群正在成长的青年，是一个极其敏感的群体。他们特殊的身心发展特点，决定了大学阶段是大学生人格不断发展和完善、最终形成健全人格的重要阶段。通常情况下，大学生正处在快速成熟但又未彻底成熟、世界观和人生观逐渐形成的阶段，他们不停地思考、选择和摸索使这一特殊群体形成了自身的人格发展特点。

（一）认知水平逐步提高，思维达到了较高程度

大学生随着学习的深入、知识的增多、社交面的扩大，其认知水平迅速得到提高，思维也达到了较高的程度。大学生开始摆脱中学时代的学习方式和思维方式，学习效率得到提高，思维方式也逐步从经验型转向理论型，而且思维的独立性、批判性和创造性都在增强，分析问题和解决问题的能力得到提高，表现为有

主见，不盲目服从，不人云亦云。他们往往能对在实践活动和日常生活中所发现的问题进行认真思索，并运用自己掌握的知识主动解决。他们的思维还具有较强的变通性和灵活性，对新事物容易理解和接受，对新环境也有较强的适应能力。

（二）能比较正确地认识、评价自我，保持与环境的平衡

大学生能较为公正、客观地认识世界，包括合理地认识和评价自我。大学是自我同一性进一步发展的关键时期，随着年级的增加，大学生逐渐能够科学合理地为自己定位，确立发展方向，不在纷繁的世界中迷失自己，不随波逐流；能够给自己恰如其分的评价，既不自视清高、盲目尊大，又不自轻自贱、妄自菲薄；能够认可自我，接纳自己，能容忍别人与自己在价值观与信念上存在差别，能根据事物的实际情况看待事物，从而形成较积极的看法，在日常生活中调节自己的行为并使其与环境保持平衡。

（三）情绪情感极其丰富，容易出现一些消极情绪

大学生热情奔放，具有较强的好强、好胜、好冲动的心理，敏感好奇，追求时尚。他们独立、自尊、自信，有强烈的民族自豪感和爱国情操。他们大多疾恶如仇、善恶分明、富有正义感，有一定的调节和克制自己情绪的能力，使情绪的表现具有文饰的、内隐的和曲折的特点，大多数情况下能做到保持内心的平和，泰然自若地面对生活，有勇气和毅力去迎接生活的挑战。但大学生在生理、心理等方面的不成熟，使得他们的情绪和情感也具有不稳定性，表现在情绪情感的波动幅度大、动荡多变、容易走极端等方面，易产生一些消极情绪，如自卑、过度焦虑、嫉妒等。

（四）富于理想，有时又脱离实际

大学生对自己的未来充满幻想，也开始设计自己的未来。积极的幻想是符合事物发展规律并具有一定的社会价值和实现可能的幻想，一般称为理想。大学生富于理想，憧憬自己美好的未来。但有的理想表现得过于现实化和功利化，讲究实惠的思想相当严重；有的幻想又完全脱离实际，成为空想。多数大学生能够处理好个人理想和社会理想的关系，注重把两者有机结合起来，树立正确的理想；少数大学生则会出现偏差。总的来说，大学生理想信念的主流是积极的、健康的、奋发向上的，他们对祖国的前途十分关心，认识到个人的命运与国家的发展是紧密相连的，但也存在理想信念模糊、价值取向扭曲等问题。

(五) 富有事业心，具有一定创造性和竞争意识

大学生自进入大学的那天起，就应对自己的未来进行规划，把学习与将来的就业联系在一起，要把自己将来可能从事的事业看成生活的重要组成部分，在事业上有较强的进取心和责任感，努力学习相关的知识。由于大学与社会紧密联系，社会上的竞争意识和行为渗透进大学，在大学里广泛存在，影响着大学生的心理和言行，使大学生具有较强的竞争意识，具有开放性的思想观念，少有保守思想，喜欢创造，勇于创新，甘愿冒险，独立性强，富有幽默感，态度务实。

(六) 知识较丰富，智能结构健全而合理

随着时间的推移和学习的深入，大学生掌握的科学文化知识也越来越丰富。大学生不仅能根据大学开设的课程掌握学科基础知识、学科专业知识和通识知识，而且能充分利用网络、图书馆等途径，通过自学掌握发展性知识，从而奠定了较扎实的知识基础。在知识获取和进行相关训练的过程中，大学生的观察力、记忆力、思维能力、注意力、想象力、创造力等得到发展，形成健全而合理的智能结构，各种认知能力能有机结合并发挥其应有的作用。

三、大学生常见的人格发展缺陷

人格发展缺陷指在普通人与人格障碍之间的一种人格状态，也是人格发展的一种不良倾向。大学生常见的人格发展缺陷有自卑、懒散、拖拉、粗心、鲁莽、急躁、悲观、孤僻、多疑、抑郁、狭隘、冷漠、被动、骄傲、虚荣、焦虑、嫉妒、自我中心、敌对、冲动、脆弱等。本节主要分析自卑、懒散、嫉妒、自我中心等几种缺陷。

(一) 自卑

自卑是对自己不满意、鄙视、否定自己的情感，主要表现为缺乏自信，自惭形秽，行动上退缩不前，不敢抛头露面，不敢展示和表现自己的长处。自卑的实质是自我评价过低。进入大学后，几乎每个学生都要面临重新评价自我的问题。由于大学生之间互相比较的对象和比较的范围相对于中学都发生了变化，有的大学生产生了"相对平庸化"的感觉，感到自己不再像以前那样出类拔萃和优秀，进而开始怀疑自己、否定自己，拿自己的劣势与别人的优势做比较，觉得自己一无

是处，于是产生自卑心理。有自卑心理的学生要么表现得比较退缩、脆弱、悲观，破罐子破摔；要么表现得过于敏感，自尊心很强，经不起批评和失败；在人际交往中也表现出过强的自我防御能力，经常会"先下手为强"，以防止自己受到打击伤害。这两种倾向都不利于大学生的人格发展和心理健康。

（二）懒散

懒散是一种不好的行为习惯，是一种不能按自己意愿行事的精神状态，是大学生中常见的人格缺陷。懒散影响大学生的学习效率，影响大学生的进取精神，使大学生陷入颓废混沌状态，不满现状又不去改变，常怀羞愧后悔之心，每日生活在无奈、自责、内疚之中。懒散是大学生意志薄弱的表现，也是娇宠的产物。一个人的惰性养成是非常容易的。但是，谁都知道惰性深具危害性，它就像腐蚀剂一样会侵蚀青年学生的身体和心灵，消耗人的能量，阻碍人的发展。

（三）嫉妒

所谓嫉妒，就是当别人占领了比自己优越的地位，或者是自己优越的地位被别人取代或将被取代时所产生的一种含有憎恨成分的激烈感情。这种感情是极欲排除和破坏别人优越地位的想法，因而是非常有害的，不仅害人，也害己。嫉妒者总爱和别人攀比，凡事唯恐别人比自己强，看到别人学习成绩、个人才艺、外貌身材等超过自己，他不怪自己不努力、不进取，反而怨恨别人有本事，怨恨别人比自己强。这种怨恨的情绪常会导致一些极端的行为："如果你的脚步比我快，我就设法拖住你的腿；如果我跑得慢，我就想办法挡住你的道；如果我的工作有失误，就盼着你的工作也出差错；如果你获得了成就和荣誉，我就否定、诽谤和抹黑；如此等等。"古往今来，嫉妒就像一股祸水，不知害了多少人，尤其是被称作"尖子"的人才。跨世纪的大学生是祖国的未来、民族的希望，大学校园里游荡着嫉妒之魂，于己于国都是有百害而无一利。大学生必须要克服、消除嫉妒心理。

（四）自我中心

自我中心就是以自己的意志为主导，过分关注自我，不顾及他人利益和思想，因此在行动上和思想上体现出自私自利、自行其是的特征和处世态度。以自我为中心的人过多考虑自己的需要，忽视他人的需要和存在，对别人缺乏关心和谅解，绝不允许他人对自己的利益构成威胁，从而导致在人际交往中表现出过度的自命不凡和过于敏感。这是在当代独生子女占绝大多数的大学生中普遍存在的一种人格缺陷，原因之一是其从小在家庭教育环境中逐渐养成的利益独占性和排他性。由于当代大学生基本上都是独生子女，从小生活在娇宠和较优越的环境中，在一片"呵护声"和"满足感"中长大，缺乏利益分享、相互关心、礼仪谦让、公平兼顾的家庭教育环境和环节，在自我意识的形成中逐渐养成了"唯我独尊、妄自尊大"的心理和行为习惯。当他们把这种家庭中习以为常的习惯带到大学的集体生活中时，矛盾和冲突就不可避免地出现了。它不仅严重影响大学生的人际交往关系，而且还会直接辐射到他们认知和归因的思维方式，对他们的健康成长是极为不利的，应该引起大学生的重视。

四、大学生健康人格的塑造

大学生的健康人格不是自发形成的，除了上文所说的需自我调节外，更需要有意识地培养。一般来说，培养大学生健康人格的措施主要有如下几个方面。

（一）重视大学生世界观、人生观和价值观的培养

大学生正处于价值观、人生观、世界观养成的关键时期，帮助他们确立崇高的理想信念，形成正确的世界观、人生观和价值观，对他们健康人格的塑造具有重要意义。

1.加强理论学习，拓宽知识面

要引导大学生认真学习"两课"和马克思主义哲学、政治经济学、科学社会主义等学科的理论以及经济、政治、法律、科技、历史、文学等方面的知识，学会以理论知识为指导，运用辩证唯物主义和历史唯物主义的观点及原理去看待问题和处理矛盾，提高自身解决问题的能力，并确立崇高的理想信念，为大学生形成健康人格提供坚实的基础。

2.认真进行思想改造，提高个人修养

大学生除认真学习外，还要认真地进行自我改造，提高自己的修养。大学生要以马克思主义的世界观为基础，不断审视、反思自己的思想和行为，还需要他人鞭策和自我批评，克服懒散、虚荣、自我中心、退缩、任性、偏私、嫉妒、怯懦、空虚等消极心理和行为。要敢于向一切错误的思想观念，如有需求找关系、有钱就有了一切、享乐主义以及腐朽的生活方式宣战，要勇于接受组织和同学的监督。只有这样才能达到改造思想的目的，有助于大学生形成正确的世界观、人生观、价值观和塑造健康的人格。

第五章 新时期大学生心理危机预防主题教育

3. 以教育者和典型人物为榜样，培养高尚的情怀和情操

榜样的力量是无穷的。在高校，班主任、教师和辅导员是教育者，也是大学生学习的榜样，是与在校大学生相处最多的人群。他们通过教育教学活动和自身完整的人格影响大学生，协助大学生培养正确的世界观、人生观和价值观。特别是高校思想政治教育教师，他们工作在学校德育的第一线，与大学生朝夕相处，深入大学生学习、生活的各个层面，可以通过深入细致的思想政治工作、组织工作和管理工作，向大学生传播马克思主义，宣扬党的方针政策，用科学的思想从理论上武装大学生的头脑，使之形成正确的世界观、人生观和价值观。此外，以雷锋、焦裕禄、孔繁森等典型人物为榜样，培养大学生的高尚情怀和情操，引导大学生学习他们不怕吃苦、不计回报、为祖国人民无私奉献的精神。通过学习先进、学习典型来纠正在人生观、价值观取向上的错误观念，进而树立正确的世界观、人生观和价值观。

（二）强化校园环境建设，发挥其育人的功能

美好、和谐的校园环境是良好精神环境和与之相适应的物质环境的统一体，体现着学校的办学理念、学校特色和校园精神，促进着大学生的身心发展。

校园文化对大学生人格的影响比较明显，作为一种特殊环境的校园精神文化，对大学生人格的养成和发展具有特别的作用。美国课程专家杰克逊提出校园文化在促进学生社会化的非学术过程中形成了"隐性课程"，德国教育学家贝尔提出的"名副其实的教育在本质上就是品格教育"，其实强调的是校园文化对大学生人格的塑造功能。它是以春风化雨的方式培养学生的，通过在校园文化建设中开展一些健康有益的文化活动，如各类学术、体育、艺术和娱乐活动等，把德育与智育、体育以及美育有机地结合起来，把教育融合到文化活动之中。

（三）积极进行心理健康教育，提高大学生塑造健康人格的能力

大学生健康人格的形成和发展与大学生自己的塑造息息相关。大学生只有掌握了相关的心理知识、具备一定的心理素质才能养成健康的人格。所以，积极进行心理健康教育，提高他们的心理素质，提高大学生塑造健康人格的能力对他们来讲十分重要。

心理健康教育主要包括以下内容：要使大学生悦纳自我、积极评价自我，同时接纳他人；应激发大学生的主观能动性，使其认同自己和他人，让他们在自己

的优势方面积极地进步或创造。引导大学生学会调节情绪，控制消极情绪，做情绪的主人。提高大学生的交往能力，建立良好的人际关系。

要使大学生做到这些，高校应该做到以下几点：开设"大学生心理健康教育"课程，使大学生掌握心理及心理健康的基础知识和调节不良心理的基本技能技巧。建立相应的心理咨询机构，为在人格等方面有问题而需要帮助的大学生提供咨询的场所，在心理咨询师的指导下，使大学生逐步掌握调节人格的技巧。通过拓展训练，使大学生在解决问题、应对挑战的过程中磨炼克服困难的毅力，培养健康的心理素质和积极进取的人生态度，学会在一些活动中宣泄消极情绪的方法。

第三节 情绪管理教育

一、情绪概述

情绪是大脑对外部事物的一种反馈机制，快乐、悲伤、愤怒等情绪是动物和人所共同具有的。情绪作为大脑对行为的一种普适性的调控手段，在生物界中是广泛存在的。

（一）情绪的概念

"情绪"一词的英文词根是"move"，意思是"动"。情绪确实能使人"动起来"，例如，人体在感性状态下被唤醒。情绪是一个复杂的内心活动过程，是个体对客观事物的感受、体验及相应的反应。情绪与人的一些基本的适应性行为有关，与人的需求和动机有着紧密的关系。比如，个体的某种需求得到满足或目标没有达到时，将会产生愉快或难过的感受。因此，情绪是客观事物是否符合个体的需要而产生的态度、体验，是人脑对客观事物与人的需要之间关系的反映。

一般来说，情绪发生的时间短暂，而且容易变化。人们通常以愤怒、恐惧、悲伤、喜爱、快乐、惊讶、厌恶、羞耻等反应来表达情绪，中国人常说的喜、怒、忧、思、悲、恐、惊也可以被称作情绪。

（二）情绪的要素

研究表明，情绪具有遗传性。人的基本情绪，如恐惧、愤怒、喜悦、悲伤等都是与生俱来的，而成人复杂的情绪则是后天习得的。情绪可以以心理特征的形式包含在人的人格结构中，是主体对客观环境（包括周围的人）的主观需求的产物。面对如此复杂的情绪现象，心理学家将情绪的结构归纳为三个方面，这也是情绪的三个要素：一是内省的情绪体验，二是外在的情绪表现，三是情绪的生理变化。

1. 内省的情绪体验

简单地说，内省的情绪体验就是人对情绪状态的自我感受，是指在强度、紧张水平、快感度和复杂度四个维度上产生的心理感受。内省的情绪体验是人的大脑对客观环境和客观现实的重要反映形式之一，这种反映形式不同于感觉、知觉和思维的反映形式，即情绪活动不同于认知活动，它不是对客观事物本身实质的反映，而是带有主观色彩的主体需要的反映。

2. 外在的情绪表现

外在的情绪表现即表情，包括面部表情、言语表情和体态表情。在情绪发生过程中，人的行为会发生习惯性的反应，面部及身体其他部位都会随着主体体验而出现相应的变化，常会伴随相应的言语。例如，有的人遇到伤心、悲痛的事就捶胸顿足、呼天抢地，遇到高兴的事就手舞足蹈。典型的案例是范进中举之后，手脚乱舞大呼"我中了"。可见表情在情绪活动中具有独特的作用，是情绪本身不可分割的部分，也是传递情绪信息的外在表现。

3. 情绪的生理变化

情绪的发生会伴随生理的变化，即情绪产生时身体各系统、器官都会发生生理变化和物理反应，尤其是大脑和神经系统，该系统为情绪的发生和情绪的持续提供了能量。它的生理机制就是大脑皮层的不同神经元产生兴奋，皮下中枢，包括海马体、丘脑和脑干网状结构不断传递与反馈信息，协调和支持脑的活动水平与情绪状态。随着脑和神经系统的变化，机体的其他内脏、器官也会产生不同的生理变化，如呼吸急促、心跳加快等。情绪的生理变化是主观体验的深化，又是外在情绪表现的基础，在情绪结构中起承上启下的作用。

二、大学生情绪特点

大学生正处于青春期向青年期的过渡时期，在生理发育接近成熟的同时，心理上也经历着急剧的变化，尤其反映在情绪上。相对于中学生来讲，大学生的情绪内容趋向于深刻和丰富，情绪的表达趋于隐蔽，情绪的变化也逐渐趋向于稳定。主要表现为：一是大学生随着自身的成长与发展，情绪状态逐渐趋于稳定，并接近成人；二是大学生在情绪上仍然存在着许多尚不成熟的方面；三是大学阶段在情绪上所表现出的一些特殊的情绪反应，如矛盾性、两极性和想象性。

具体而言，大学生情绪特点主要表现如下。

（一）外向、活泼、充满激情

从整体水平上看，大学生在情绪特点上表现为乐观、活泼、开放、热情、精力旺盛、积极向上，充满着朝气和激情。

（二）情绪延迟性及趋向于心境化

情绪心境化是大学生情绪的重要特点。中学时代的青少年的情绪特点往往受制于外界情境，随着情境的变化，情绪反应来得快，消失得也快；而大学生的情绪反应的发生，往往不会随着外界刺激环境的改变而马上消失，而是表现为一定的延迟性，趋向于心境化。

（三）情感体验更加深刻、丰富

大学生的情绪体验更加丰富多彩，并随着自我意识的不断发展和各种需要、兴趣的扩展而表现为更加丰富、敏感、细腻和深刻，是更加带有社会内容的情感体验。

（四）波动性与两极性

大学生的情绪年龄正处于未成年人与成年人的转变阶段，在情绪状态上体现出两种情绪并存的特点。一方面，相对于中学阶段，大学生的情绪趋于稳定和成熟；另一方面，与成年人相比，大学生的情绪带有明显的起伏波动性，容易从一个极端走向另一个极端，情绪有时会表现为大起大落、大喜大怒的两极性。

（五）冲动性与爆发性

大学生的情绪特点还表现为在情绪体验上特别强烈和富有激情。对任何事都比较敏感，有时一旦情绪爆发，自己就难以控制，甚至表现为一定的盲目狂热和冲动。在处理同学关系、师生关系的矛盾时，在对待学业、生活中的挫折时，易走极端，给自己及他人带来伤害。

（六）矛盾性与复杂性

大学阶段正是大学生面临许多重大选择的时期，常常会呈现一种矛盾和复杂的情绪状态。例如，希望自己具有独立性和希望依赖他人的心理同时存在，对自己既不满又不想承担责任，既希望得到他人的理解又不愿意接受他人的关心等复杂矛盾的心态。

（七）内隐性与掩饰性

大学生的情绪表现，虽然有时也会喜怒形于色，但已经不像青少年时期那样坦率直露，不少大学生常会隐藏和掩饰自己的情绪，体现为外在表现与内在体验并不一致。这也无形中给大学生之间的交流带来障碍，使一些大学生出现孤独和苦闷的情感困惑。

（八）想象性

有时大学生的情绪体验会出现陶醉于以前的某一特定愉快情绪的状态，或者沉湎于某种负面情绪状态之中，甚至会陷入某种想象出来的欢乐或者忧伤之中而不能自拔。例如，有的大学生在一次运动会比赛中失利而感到无地自容，后来竟然泛化想象为周围人都在轻视自己，产生了从此处处都不如人的不良心态。

三、大学生常见的不良情绪

健康正常的情绪能保证大学生整个身心处于积极向上的状态，心理平衡而协调，精力旺盛，朝气蓬勃，思维敏捷，充满热情，能保持平静的心境、清醒的头脑和控制行动的自觉性。而异常情绪轻则影响大学生的正常学习、生活，重则构成心理障碍，造成思维迟钝、情绪消沉，社会适应能力低下，极易罹患各种疾病，损害身体健康。因此，大学生的异常情绪应引起高校的高度重视。大学生中常见的不良情绪有以下几种。

（一）忧郁

忧郁是一种失望、无助、痛苦、悲伤的情绪体验。大学生忧郁的主要表现是情绪低落、意志消沉、兴趣丧失、反应迟钝、多愁善感、自寻烦恼，干什么事都无精打采，郁郁寡欢，对于不幸的遭遇过度敏感，对于可喜的事物麻木不仁，经常处于苦闷和孤独状态。从心理学上分析，产生忧郁情绪的大学生大多数具有抑郁质的特征，一般表现为情绪低落、自卑懦弱、多疑孤僻、缺乏毅力，在性格上属于内倾型。这种人一般适应环境困难，不善交际，感情冷淡内向，富于幻想而少实际行动。此外，长期努力得不到补偿而感到失望，或几经挫折、屡遭劫难而缺乏思想准备和心理准备，也是造成大学生出现忧郁情绪的原因。忧郁情绪在大学生中以轻度表现居多，若及时调节，一般能够转化。但如果连续受挫且强度过大，又没有及时调节，则可能失去战胜苦难的勇气，没有控制悲观情绪的能力，缺乏弥补缺失的条件和机会，长年累月感到悲观绝望，内疚懊丧，孤寂自卑，消极怕事，思维混乱，未老先衰，从自卑自责走向自暴自弃，以致失去生活的勇气，甚至走上自我毁灭的道路。这是应该引起高校高度警觉的。

（二）焦虑

焦虑是一种预料到威胁性刺激而又没有能力去应付的痛苦反应，是面对冲突和挫折而产生的不愉快的情绪体验。大学生焦虑的表现是怀疑自己的能力，夸大自己的失败，经常疑惑忧虑，惶惶然不知所措；怨天尤人，自忧自怜，闷闷不乐，脾气古怪，经常处于一种无缘由的紧张、恐惧状态。外部特征主要是面部紧绷，愁眉深锁，行动刻板，无法安静，两手常做无意识的小动作等。大学生的焦虑有各种各样的表现，引起焦虑的原因也各不相同，主要原因是在学习、工作、人际交往方面遇到挫折。

（三）冷漠

冷漠是一种对周围的人或事无动于衷、漠不关心、置之不理的情绪体验，是个体对挫折的一种退缩式反应。一般而言，青年大学生血气方刚，情感丰富，富于激情，但也有少数大学生性格冷漠。具体表现是不关心国家大事，不关心他人痛痒，对自己的进步、人生的价值、国家的前途等漠然置之；意志衰退，看破红尘，丧失了生活的乐趣；对周围所发生的一切感到无动于衷，索然无味，安于现状，心灰意冷，缺乏进取精神，得过且过，终日随波逐流、混日子等。引起大学生情绪冷漠的主要原因是当事人对战胜挫折、克服困难自感无能为力，因而失去信心和勇气，对原先追求的目标逐渐失去兴趣以致无动于衷、甘心退让，表现出漠不关心的态度。此外，缺乏家庭温暖，缺乏安全、信任、受尊重的社会环境，也会造成部分大学生性格孤僻、冷漠麻木，行为粗野无礼。

（四）骄傲

骄傲是一种认为自己了不起，什么都比别人强，因而看不起别人的情绪体验。大学生的骄傲情绪不像中小学生那样外露明显、趾高气昂，是一种内在的排斥他人的心理状态。具体表现是对他人的言谈或举止等不屑一顾或熟视无睹，沾沾自喜，恃才傲物，居高临下；对他人轻慢无礼、多加指斥，极少首肯，对需要帮助的同学爱理不理，颇不耐烦自己的一举一动都带有明显的傲气和睥睨一切的轻狂。有骄傲情绪的大学生一般都有一些值得"骄傲"的资本，诸如聪敏机灵、成绩优异等，但并非有这些特点的大学生都有骄傲情绪。产生骄傲情绪的主要原因是当事人自视过高、盲目乐观，优越感太强，看不到别人的优点和自己的不足，不能全面、理智、清醒地看待自己和评价他人，过于放纵自己也苛求他人。大学生骄傲的直接后果是上进心削弱，人际关系紧张，失去他人的尊重和信任，严重的会助长自私自利、极端个人主义思想的恶性膨胀。

四、大学生情绪疏导的常见方法

大学生的情绪调节不仅是必要的，而且也是可能的。因为情绪是受意志制约的，所以人有调节和控制自己情绪的能力。与中学生相比，大学生对情绪的调节和控制手段要多得多，他们已经能够根据自己对理想、前途的认识，依靠知识、智慧和部分经验的力量，考虑到时间、地点、对象、效果等因素来调节、控制自己的情绪。随着年级的增高，这种能力呈现出逐步增强的发展趋势。

从心理学的角度看，大学生情绪调节、控制的方法主要有以下几种。

（一）提高升华法

提高升华是指当个人欲望或需求因各种原因或条件限制不能实现时，将其原有的内部动机转化为社会性动机，以社会可以承认、接受、允许的方式去追求更高的目标，获得新的更高级的精神满足。也就是说，将情绪激起的能量投射到战胜挫折或者有利、有益于社会和个人成长的活动中去，使其具有建设性和创造性。这是一种最为积极的情绪自我调节、控制方法，是最有效的情绪宣泄方式。司马迁受辱发奋写《史记》，孙膑受打击著述兵书，歌德因失恋创作《少年维特之烦恼》等，都是情绪升华的生动事例。在现实生活中，一个犯错误的学生用洗刷污点、勤奋学习的方式来创造美好未来；一个学习、生活、恋爱上受过挫折的人把痛苦转化为对事业的执着追求；具有严重进攻性特征的人将其精力转为热爱各种体育项目等，这些都是有意义的升华。

（二）合理宣泄法

心理学研究表明，情绪能刺激体内产生能量，如极度愤怒可以使之处于应激状态，消化活动被抑制，糖从肝脏中释放出来，肾上腺素分泌增多，血压升高，体内能量处于高度激活状态。这种聚集在体内的能量如果不能被及时疏泄，长期积压会形成"情结"。精神分析学家认为，情结是一种被压抑在潜意识中的愿望或不快的念头，在意志控制薄弱时会以莫名其妙的不安感或症状表现出来，形成一种情绪障碍或变态心理。因此，为了减少精神上的过度紧张，避免产生因心理因素而出现疾病，很有必要将受到较大挫折后积压在心头的痛苦、愤怒、悲伤、烦恼等紧张情绪发泄出来。当然，这种发泄不能毫无顾忌、不择手段、为所欲为，必须合理地控制在既能减少自己的紧张情绪，又不致使他人受到伤害的范围内。这种有节制的发泄即为合理宣泄。

（三）转移注意力法

在某种情绪影响自己或将要影响自己，而自己又难以进行控制时，对这种情绪不予理睬，并将自己的注意力转移到其他有益的方面去，这种情绪调节方法称为转移。按照条件反射学理论，在发生情绪反应时，会在大脑皮层上出现一个强烈的兴奋灶，此时如果另外建立一个或几个新的兴奋中心，便可以抵消或冲淡原有的兴奋中心。也就是说，当我们注意某一事件时，这一事件才会对我们产生影响。当我们把注意力放在其他事情上时，原来的事件对我们的影响就会减少或消失。旅游观光和欣赏优秀的文学作品便是一种调节情绪的有效方式。登高望远、极目长空，可以使人心旷神怡、荣辱皆忘；游历风景名胜，凭吊历史遗迹，可以使人心胸豁达，忘却个人得失。

（四）语言暗示法

一个人为不良情绪所压抑的时候，可以通过言语的暗示来调节和放松情绪。例如，一些容易情绪爆发的学生要经常提醒自己不要遇事激动。林则徐写了张"制怒"的条幅挂在墙上，就是为了自我警戒。还有的学生陷入忧愁时，要提醒自己"忧愁没有用，于事无补"。当有较大的内心冲突和烦恼时，可以用"不要怕，不着急，安下心来，会好的"等语言给自己鼓励和安慰。只要是在松弛平静、排除杂念、专心致志的情况下进行这种自我暗示，往往对情绪的好转有明显的作用。

（五）幽默缓冲法

幽默是情绪的缓冲剂，是有助于个人适应社会的工具。当个体发现某种不和谐的或于己不利的现象时，为了不使自己陷入激动状态，最好的办法是以超然洒脱的态度及寓意深长的语言、表情或动作，用诙谐的手法机智、巧妙地表达自己的情绪。这样做往往能使紧张的精神放松，释放被压抑的情绪，避免刺激或干扰，摆脱难堪窘迫的场面，消除身心的某些痛苦，调节和保持身心健康。研究表明，幽默可以冰释误会，活跃气氛，缓和难堪，减少焦躁；可以使陌生者相识，怀疑者释疑，戒备者去戒；可以使人心情开朗舒畅，精神愉快振奋，驱除疲劳，排出忧虑，解除烦恼，充满信心。

第四节 挫折教育

一、挫折的含义

挫折是指人们在某种动机的推动下，梦想着实现某种目标而采取相应的行动，在活动过程中遇到了能力范围以外的、无法克服的障碍或者想象中的无法克服的干扰，使其动机无法实现所产生的紧张状态和情绪反应。

挫折这一概念应用在心理学范畴，同人们日常生活中所说的挫折有着不同的含义：日常生活中提到的挫折指的是阻碍目标实现的客观的事物或情境，而心理学上的挫折指的是对阻碍不满足的主观感受和体验。从挫折的定义看，包括以下三个方面的含义。

①挫折情境。构成挫折情境的内容是非常广泛的，既包括干扰目标实现的人或者物，又包括阻碍梦想成为现实的自然或者社会环境。一般而言，社会环境因素所占的比例要比自然因素更大，比如考试不及格、人际敏感、失恋等。

②挫折反应，也可以称为挫败感。挫折反应是一种复杂的内心体验，具体表现为烦恼、焦虑、忧伤、沮丧、愤怒、悲观甚至绝望等。

③挫折认知，即对挫折情境的知觉、认识和评价。其中，挫折认知是挫折概念的核心要素。面对同一挫折情境，不同的人会有着不同的反应，如有的人会出

现强烈的挫折反应，需要花费很长时间才能从挫折中走出来；而有的人会觉得面前的挫折只不过是生活中微不足道的情况，很快就能走出来。对于挫折认知的不同导致个体挫折反应的性质和程度也是不相同的。

挫折情境与挫折感受有着密切的关系，但两者并不呈正相关。一般来说，只有在特定的挫折情境下才会出现挫折感受，并且挫折情境越严重，所引起的挫折感受也越强烈。

二、大学生常见挫折类型

（一）生活挫折

生活挫折有广义和狭义两层含义，广义的生活挫折泛指在社会生活中遇到的所有挫折；狭义的生活挫折主要是指生活上的一些困难和不适应。如生活不习惯、生病或家庭经济困难，在校的各种必需的开支经常没有着落，却看到别的同学花钱大手大脚，购置各种时尚服饰、数码产品，自己与他们比较存在差距而产生挫败感。

（二）学习挫折

学习挫折指由负荷太重，缺乏正常的学习条件，学习结果不理想，考试失败，没有评上奖学金等各种与学习相关的失败导致的挫折。有时，在学习过程中出现学习困难、无法合理安排学习时间或者学习方法不合适，即使花费再多的时间也无法达到理想的学习目标等，都会产生学习上的挫折体验。

（三）交往挫折

交往挫折主要由交往不顺和人际冲突两方面构成。

①交往不顺，指有结交朋友的强烈愿望，但是因种种原因而无法实现。如有的人因为性格过于内向，不知道如何与别人进行沟通、交流；有的人因为自身缺陷而自卑、胆小，不敢与别人交往；或者过于追求完美，在交往中经常挑剔别人，找不到知音而陷入孤芳自赏的境地。

②人际冲突，指在与他人交往的过程中，由于脾气不好、自高自大等而容易与他人产生摩擦、发生冲突，导致人际关系紧张；或者是利益当前，人际关系非常微妙，但由于缺乏适当的处理复杂人际交往问题的技巧，同学之间为了荣誉或

者奖学金发生争夺，矛盾激化，关系紧张，在这样的氛围中感到压抑，从而产生挫败感。

（四）情感挫折

亲情、爱情、友情的发展过程中都会出现情感挫折，如失去亲人或者与朋友产生误解等。其中爱情是出现情感挫折最多的领域，表现为失恋、单恋、多角恋。

（五）择业挫折

择业挫折即就业过程中遇到的各种困难与阻力，如刚毕业的大学生满怀豪情，希望能找到一份理想的工作，但是在实际的求职过程中可能会出现专业冷门而求职无门的观念，几经碰壁后转至无奈甚至听天由命。

（六）社会认知挫折

社会认知是指对社会的认识与评价，社会认知挫折则是指理想中的社会与现实中的社会产生冲突，对社会的评价与期望产生矛盾而导致的挫折。面对出现的种种社会问题，大学生更多地看到了社会丑恶的一面，觉得现实中的社会与自己梦想中的世界差距甚远，因而理想破灭，感到失望和沮丧，进而产生挫折感。

三、大学生应对挫折能力的培养

（一）正确认识挫折

事实表明，对挫折的正确认识是大学生战胜挫折的先导和前提。大学生面对挫折时不要惧怕，不要逃避，而要坦然地面对、正确地认识、理性地分析，才能战胜挫折，促进自己成长。面对挫折需要了解的是：挫折是普遍存在的；挫折是人生的宝贵财富；挫折是人生的催熟剂；挫折是可以克服和战胜的。

（二）加强修养，养成良好的生活习惯

除了要对挫折有正确的认识之外，大学生还必须加强个人修养，培养自己谦虚、活泼、勇敢、乐观、坚强、自信的性格，养成良好的生活习惯。有关研究表明，个性因素是造成挫折的重要原因，个性糟糕的人所遇到的挫折要远远超过个

性良好的人。虽然个性在短期内很难改变,但还是要在日常生活中逐渐培养自己良好的习惯,通过这些日常的行为去逐渐改善个性,增强应对挫折的能力。

(三) 正确合理地归因

归因是指个体依照主观感受或经验对自己的行为及结果发生的原因予以解释和推测的心理活动过程。由于归因是凭借个体经验和个体的主观感受进行的,其结果可能是正确的,也可能出现偏差,甚至是错误的。在生活中,人们对行为的成功与失败进行归因是一件很平常的事情,然而,在这一过程中形成的归因倾向对人的心理挫折的应对而言非常关键。

因此,大学生要学会合理地归因,避免归因的片面性,对挫折做出客观、准确、符合实际的归因;学会实事求是地承担责任,克服过分承担或完全推诿责任的倾向,避免过多自责带来的挫折感。

(四) 采取积极的心理防御机制

心理防御机制是挫折发生后人在内部心理活动中所产生的有意或无意地摆脱挫折造成的心理压力、减少精神痛苦的种种保护方式。心理防御机制是一把双刃剑,既具有积极作用又具有消极作用。积极的心理防御机制有助于适应挫折,化解困境;消极的心理防御机制只能起到暂时平衡心理的作用,并不能解决问题。因此,大学生在遭遇挫折后采取积极的心理防御机制,能够使自己减少或免除精神压力,激发主观能动性,激励自己以顽强的毅力克服困难,战胜挫折。高校应对挫折后的心理防御方式进行详细的介绍,目的就是让大学生在遭受挫折后能正确地分析自己的挫折行为并有选择地使用,进而提高对挫折的耐受力水平。

(五) 及时寻求心理支持

对某些人来说,遇到挫折时向他人请求帮助是软弱和无能的表现,是件很丢脸的事,他们宁愿独自承受挫折带来的心理压力也不愿意向他人求助。事实上,大胆寻求他人帮助不仅不是件丢脸的事,反而表现了求助人的坚强意志。助人为乐的主要表现形式就是帮助他人消解忧愁,在生活中遇到困难时,大多数人都会伸出援助之手。"当局者迷,旁观者清",遇到挫折或者凭借自己的力量无法解决难题时,身为局外人的亲人、朋友、师长有时会提供新的解决思路,带当事人找到走出困境、跨进成功大门的途径。人们常说,一份痛苦两人分担,痛苦就减轻了一半。当一个人感到有可以信赖的人在关心、爱护和尊重自己时，就会减轻挫折反应的强度，增强挫折的承受力。

第五节 建立和谐的人际关系教育

一、人际交往的本质

心理学家马斯洛认为，渴望被认可是流淌于人类基因中的基本需求，即每个人都希望得到他人的爱和尊重，希望能够被某个社会团体所接纳。这些需求和人类的生理需求同样重要，否则人将丧失安全感，进而影响心理健康。

人类心理适应能力包括多层内涵，其中人际关系的适应能力是最主要的内容。有关调查显示，人际关系失调是导致人类心理疾病的最重要因素。人的本质是一切社会关系的总和，没有了社会关系，人的本质无从规定。

著名的心理学家罗杰斯提出的人际关系哲学十分强调人际交往对个体成长的意义。美国人本主义心理学家马斯洛发现，心理健康水平高的"自我实现者"都能很好地接纳别人，同别人的关系也比一般人要亲密。

人际交往是一种智慧和才能，交往是人健康成长的基本条件。国际21世纪教育委员会主席德洛尔将"学会与人相处"视为教育的"四大支柱"之一。

心理学家曾从各个不同的角度做了大量的研究，结果证明：心理健康水平越高，其人际关系也越融洽，越符合社会的期望，其工作绩效也越高，他们对别人有更强烈、更深刻的友谊和更浓烈的爱。

人际交往更大的作用在于其是一个人社会化的关键途径和过程，人的社会化和发展都是在人际交往的相互作用中实现的。每个人通过社会化由一个自然人变成一个社会人，学习社会知识、技能和文化，与别人合作，发展自己。狼孩失去了社会化的关键期，即使后来被人发现，也无法学会如何做人。

二、大学生人际交往的障碍

（一）情感障碍

由于人际交往强调的是人与人之间的情感关系及心理距离的远近，情绪情感是人际交往中的主要部分，并会影响认知和行为。常见的情绪情感障碍有害羞、恐惧、愤怒、嫉妒等。害羞和恐惧容易使人产生逃避行为，封闭自我，严重妨碍人际交往，其极端表现就是"社交恐惧症"，即对正常的社交活动有一种超常的害怕和焦虑反应。不良的情感会导致或加深人际认知偏差，并使人际行为失控；同时情绪也具有某种感染性，一方的不良情绪往往会导致另一方的消极情绪。大学生的人际交往常常带有浓厚的感情色彩，因此由情绪情感障碍引起的人际交往障碍十分普遍。

（二）认知障碍

认知障碍在大学生的人际交往中表现突出而常见，这是由青年期的交往特点决定的。青年时期的人对于自己和他人有了明确的认知，渴望得到他人的认同，与他人交往的意识越发强烈。但是青年人的社会阅历还比较浅薄，对于社会的认识不够全面，心理上也不成熟，经常带着理想的模式与他人交流，希望能在生活中寻找到志同道合的知己；一旦发现现实与理想并不相符，则产生交往障碍，心理出现创伤。

（三）人格障碍

人格障碍是另一种常见的人际交往障碍。人格也称个性，指的是在社会生活中表现出来的稳定的心理特点，包括气质、性格等。正所谓"世界上没有两片一模一样的树叶"，世界上也没有一模一样的两个人。人际交往中出现的误解、冲突大多是由人格的差异造成的。不同气质类型的人对问题的处理方式并不相同，如面对同一问题，性情急躁的胆汁质的人可能因为急于解决问题，在交流过程中会不太讲究方式。遇到这种场景，抑郁质的人可能会觉得自己不受重视，因而感到委屈和不安。而抑郁质的人的表现在胆汁质的人眼中就成了小题大做，造成双方的互相抱怨和不满。即使是相同性格类型的人也很难相处融洽。

三、大学生人际关系问题的调适

（一）加强个人修养

个人修养主要包括道德品质和文化知识方面的修养，二者是相辅相成的。加强道德修养，就要提高科学文化水平。大学生在加强个人的道德和文化修养的同时，还要注意培养豁达大度的胸襟，有意识地培养自己宽阔的胸怀，这也是医治嫉妒的良方。大学生要有气量，不要让私心膨胀。

加强大学生个人修养十分重要，方法也多种多样。例如，学习先进榜样；阅读进步书籍；参加实践锻炼，深入生活，了解国情、社情和民情。总的来说，大学生要建立良好的人际关系，从个人方面，应该做到"严于律己，宽以待人，善于沟通，乐于助人"。

（二）克服交往时的心理障碍

1. 摆脱孤独感

孤独感在青年期有其心理上的独特性。随着年龄的增长，青年大学生的心理也在日渐成熟，他们会意识到自己与众不同的特点，产生与他人交往、得到他人认同的需求。如果没有办法与他人交流，无法融入团体生活中，便会产生空虚感和孤独感。大学生的心理通常是矛盾的：一方面觉得自己是与众不同的，极力向周围人掩藏心中的秘密，有一种闭锁心理；另一方面又希望与人进行交流，渴望这个世界有能够真正读懂自己的知己，期盼与知己以心换心地沟通思想。当寻觅不到这样的"知音"时，便会陷入惆怅和苦恼之中，加深自己的孤独感。

摆脱孤独感的最佳路径就是转变不恰当的处世态度，改变生活方式，拓展生活空间，在闲暇时间积极从事各种有兴趣的活动，积极参加各种社交活动，可使人觉得生活充实而富有乐趣。当感到自己被人所理解、所悦纳，并与别人心意相通的时候，便会抛弃自我封闭的孤独感。

2. 正确对待生活

一个人对人生的看法及其处世态度会在很大程度上影响他的人际交往态度和方式。生活并不是一帆风顺的，总会遇到挫折和坎坷。生活中，许多人由于种种心灵的创伤而把自己封闭起来。事实上，这种自我压抑的方式只是将从前受到的创伤暂时封印起来，自身所承受的痛苦并没有减少。最好的办法就是通过结交良朋知己，敞开自己的心扉。有的人是以清高绝俗的态度来对待人生的，在他们眼中只有自己是完美无缺的，周围的人都是平庸的"芸芸众生"。这种人实际上是戴着有色眼镜待人接物，只能成为孤家寡人，在精神上不可能愉快，在事业上也很难成功。

正确地对待人生就意味着以平等的态度同他人往来，学会正确地评价别人的优缺点。对大学生来说，关键是要放下自己的架子，丢掉清高感，牢牢记住"三人行，必有我师"的古训，这样与任何人真诚交往都会有所收获。要善于发现别人身上的闪光点，这样就能找到理想的朋友，建立良好的人际关系。

3. 战胜自卑和羞怯

自卑与羞怯常常使人不敢大方地与人平等交往。虽然个人主观上很想同别人交往，但又不敢大胆地进入社交圈子，唯恐受到别人的拒绝和耻笑。当与他人来往时容易出现无法抑制的脸红心跳、惊慌失措，严重者会患上"社交恐惧症"。

战胜自卑和羞怯，尤其是战胜"社交恐惧症"，关键要树立成功交往的信心。充满自信才能在精神上和躯体上都有所放松，从而使人显得泰然自若、沉着镇定。第一次成功的社交经验将会极大地破除社交神秘感，增强对自己社交能力的自信，从而逐步进入人际交往的良性循环。

4. 克服嫉妒心理

嫉妒心理是当个体的私欲得不到满足时，对造成这种不满足的原因和周围已经得到满足的人产生的一种不服气、不愉快的情绪体验。在嫉妒心理的支配下，会产生嫉妒行为。对于嫉妒，有的人能够克制自己不采取攻击性言行，使之逐渐淡化，甚至能够利用它转化为积极的竞争行为；有的人则不能掌握这种情感，并向消极方面转化，产生痛苦、忧伤、攻击性言行，从而导致人际冲突和交往障碍。

大学生中的嫉妒心理是比较普遍的，因此，很有必要克服、解决好人际交往中的嫉妒情绪，促使其向积极方面转化。这就要求做到：要认清嫉妒的危害性是打击别人、贻误自己；要正确认识自己，摆正自己与别人的位置，任何人都既有缺点也有优点，重要的是如何取长补短；还要克服私心，加强个人修养。

5. 克服猜疑心理

人际关系中的猜疑心理是由对人际关系的不正确认识而引起的。有这种心理的人总是以一种怀疑的眼光看他人，对他人存有戒心，自己不肯讲真话，戴着面具与人交往。猜疑是交往的大敌，消除疑心最根本的方法是去掉私心杂念，"心底无私天地宽"。当产生猜疑心的时候，应立刻提醒自己、暗示自己："我不能这么想，这样会把事情弄糟，无助于问题的解决。""我应该相信别人，不能以己之心度他人之腹。"同时，不妨来个角色置换，即站在对方的立场上思考和处理这个问题，可谓"将心比心"。

（三）培养良好的交往风度

良好的交往风度是成功交往的基本条件，因为它制约着一个人在交往对象心目中留下的印象，也制约着对方以何种方式做出反应。人的社交风度是其各种心理素质和修养的外在体现，它能反映出一个人的道德品质、思想感情、性格气质、学识教养、处世态度乃至交往的诚意。

1. 精神状态饱满

在与人交往的过程中，如果自身精神状态良好，显得精力充沛，就会给人以坦荡自信的印象，激发起对方的交往动机。相反，如果自身精神状态欠佳，会给人以萎靡不振的印象，即使自身表现出交往的意愿，对方也会觉得是在敷衍，进而丧失继续交流的念头。大学生正值青春时期，体力充沛，精力旺盛，思维灵活，反应敏捷，是进行人际交往的好年华。

2. 待人态度诚恳

在与对象交往的过程中要做到平等、诚恳，不管交往的对象是什么身份，都要做到一视同仁，对于地位比自己高的人不过分讨好，对于地位不如自己的人也不肆意藐视。大学生要以诚挚之心待人，不卑不亢，讲究端庄而不过于矜持，谦逊而不矫饰作伪。

3. 仪表礼节恰当

根据人际吸引原则可知，英俊潇洒的外貌和风度翩翩的举止能够增强个人的魅力，提高人际交往的成功率。因此，大学生应该注重自身的衣着服饰要与自身的气质相符，不穿戴奇装异服，在社会交往中做到有礼有节。

4. 行为神态得体

语言并不是人类交往的唯一手段，甚至不是最重要的手段。有关研究表明，非语言手段才是人类实现交流与合作的最重要途径。神态和表情都属于非语言交往的范畴，是人在社交活动中风度的具体表现方式。在与他人的交往中，如果对方面带微笑，脸上的肌肉也比较放松，表示对方乐意与人交流。相反，如果对方脸上肌肉紧张，冷若冰霜，那么即使想与之交流，看到他的神色，也就不敢靠近了。分寸得当的交往距离能使彼此心理上都感到舒适坦然，过度亲热和冷淡则容易引起对方误会。

5. 言辞谈吐高雅

接受高等教育的大学生应该是文化素养比较高的一类人,说话时要注意用词准确通俗,尽可能不使用粗野词汇,语音语调要恰当,说笑话要掌握分寸和场合,态度要谦虚,不要喋喋不休。会说更要会听,常言道:"会说的不如会听的。""用一秒钟的时间说,用十分钟的时间听。"听人说话也是一门学问,需要讲究技巧,不仅要用耳朵聆听,还要用眼睛注视对方,并用心用脑思考每一个问题。

较强的人际交往能力是在日常生活中逐渐培养和发展起来的,大学生只有克服畏惧心理,抓住每一个表现自己的机会,勇于在社交中锻炼,才能不断培养和提高自身的社会交往能力,从而建立良好的人际关系。

参 考 文 献

[1] 徐英杰，陈凯. 大学生心理健康 [M]. 厦门：厦门大学出版社，2020.

[2] 张玉芝，周兰芳. 大学生心理健康 [M]. 北京：北京理工大学出版社，2017.

[3] 王晓刚. 大学生心理危机预防与干预标准化体系研究 [M]. 杭州：浙江工商大学出版社，2016.

[4] 曹德欣. 大学生心理危机干预案例研究 [M]. 北京：人民出版社，2020.

[5] 李梅华. 大学生心理健康教育工作的现状分析与对策研究 [J]. 现代职业教育，2022（25）：124-126.

[6] 赵彤，毕江凡. 学校社会工作介入大学生心理健康问题对策研究 [J]. 襄阳职业技术学院学报，2022，21（03）：119-123.

[7] 丁佳如. 完善大学生心理健康教育的对策研究 [J]. 中国包装，2022，42（06）：78-80.

[8] 吴康林，王治兵，杨金波，等. 大学生心理健康问题识别研究 [J]. 现代职业教育，2022（21）：25-27.

[9] 韩露函. 新媒体背景下大学生就业心理指导探析 [J]. 黑龙江人力资源和社会保障，2022（15）：77-79.

[10] 戴铭志，曾柯潞. 高校心理危机预防和干预体系的构建 [J]. 北京教育（德育），2022（05）：91-93.

[11] 肖丽卿，方鸿志. 大学生挫折教育的影响因素及对策研究 [J]. 太原城市职业技术学院学报，2022（04）：180-182.

[12] 苗苗，李巧巧. 大学生积极人格的内涵、特征与建构：基于思想政治教育视域 [J]. 中北大学学报（社会科学版），2022，38（03）：97-102.

[13] 徐虎林，王改红，马奔，等. 新生代大学生常见心理问题个体辅导 [J]. 山西青年，2022（07）：190-192.

[14] 邢卓. 新时代大学生心理危机应对的审思与进路 [J]. 航海教育研究，2022，

39（01）：91-96.

[15] 闻逸铮，朱伯媛，胡婉婷.大学生心理问题，需进行科学干预[J].东方养生，2022（02）：126-127.

[16] 俞晓霞.大学生心理健康现状及原因分析[J].公关世界，2021（24）：56-57.

[17] 谭佼.大学生心理危机防范和快速反应机制研究[J].产业与科技论坛，2022，21（01）：287-288.

[18] 那冬雪.大学生心理危机预防与干预体系的构建[J].文化创新比较研究，2021，5（17）：23-26.

[19] 顾建梅.积极心理学视角下高职学生的心理问题预防与干预[J].文化创新比较研究，2021，5（17）：178-181.

[20] 段润芳，梁艳梅，黄增辽.关于学生心理危机预防工作研究[J].湖北开放职业学院学报，2021，34（07）：58-60.

[21] 周民凤.新时代00后大学生情绪管理的教育研究[J].教育教学论坛，2020（30）：90-91.

[22] 冯云.当代大学生自杀的干预策略[J].教书育人（高教论坛），2019（21）：6-7.

[23] 王莉.透过现象看本质：一例大学生自杀危机干预[J].青春岁月,2017(23)：111.

[24] 韩思佳，郭宗盛.社会心理学视角下大学生人际关系探究[J].黑龙江人力资源和社会保障，2021（16）：130-132.

[25] 孙琳娜.大学生人际交往困扰及对策研究[J].公关世界，2021（16）：61-62.

[26] 谭玉.大学生隐匿性心理危机及其教育对策研究[D].湘潭：湖南科技大学，2017.

[27] 王亚军.大学生心理危机干预系统构建研究[D].西安：西安科技大学，2014.

[28] 李雪娇.大学生心理危机应对研究[D].哈尔滨：东北林业大学，2014.

[29] 康玉菲.大学生心理危机预防的教育策略研究[D].北京：中国矿业大学，2021.

[30] 袁源.大学生就业心理问题的成因与对策[N].中国社会科学报，2022-05-13（008）.